수업, 놀이로
날개를 달다

수업, 놀이로 날개를 달다

—— DeSeCo 핵심 역량을 키우는 중등 수업 놀이 ——

박현숙 | 이응희 지음

맘에 드림

수업, 놀이로
날개를 달다

발행일   2016년 5월 4일 초판 1쇄 발행
2017년 6월 8일 초판 2쇄 발행
지은이   박현숙, 이응희
발행인   방득일
편 집   신윤철, 박정화
디자인   강수경
마케팅   김지훈

발행처   맘에드림
주 소   서울시 도봉구 노해로 379 대성빌딩 902호
전 화   02-2269-0425
팩 스   02-2269-0426
e-mail   nurio1@naver.com

ISBN 978-89-97206-42-1 03370

놀이는 우리의 뇌가 가장 좋아하는 배움의 방식이다.

- 다이앤 애커먼(Diane Ackerman) -

깨진 교사로 거듭나기

내가 본 수많은 수업 중에서 좋았던 수업들에는 공통점이 있다. 그것은 마음이 따뜻한 교사가 인간에 대한 애정을 가지고 하는 수업이다. 교사가 '가르치는 행위'에만 애정을 가지면, 교실에 있는 작고 아름다운 생명들이 눈에 들어오지 않고, 그들이 교사에게 하는 반응에 관심이 먼저 간다. 그러나 교육이 자판기처럼 투입하면 바로 튀어나오는 상품이던가? 가르치려는 의도에 앞서 살아서 생명력 가득한 사람에 대한 경외와 존중이 먼저이지 않을까 한다. 그러려면 교사는 '깨져야' 한다. 노는 교사는 애들 앞에서 기꺼이 '깨지는 교사'이며, 교사라는 이름에 가둬두었던 자신의 단단한 신념, 가치를 깨야만 그 열린 틈으로 아이들의 마음과 행동이 스며들 수 있다.

'노는' 교사가 되기 위해서는 먼저 '놀이'에 대한 오해로부터 자유로워져야 한다. '노는' 행위 자체가 얼마나 교육적이며 생산적이고 창의적인가에 대한 믿음이 있어야 한다. 그렇지 않고 놀이를 흥미유발 도구쯤만으로 여긴 채 '놀이 수업'을 시작하게 되면 놀이는 반대로 '일'이 돼 버린다. 더구나 매번 놀이를 주도하는 역할을 맡게 돼 피로감을 느끼게 된다. 즐겁지 않고 마음만 바쁘고 몸이 피로하면 놀이는 정말 일이 되는 것이다.

놀이 수업을 하다 보면 실제로 즐겁지 않고 때로는 힘이 들기도 했다. 곰곰이 생각해 보니 그럴 때는 놀이판을 벌여도 아이들이 시큰둥한 반응을 보이거나 놀이에 적극적이지 않았다. 거기에는 다 이유가 있었다. 놀이에 익숙지 못한 아이들에게 불쑥 까다로운 놀이를 제시했던 것이다. 그러면서 이렇게 재밌는 놀이를 왜 못 하느냐고 다그치기도 했다. 학기 초에는 서로 어색한 관계에 놓여 있을 때는 자연스럽게 친해질 수 있는 놀이가 필요하다. 그런데 아이들이 어떤 마음 상태인지 어느 정도의 관계성을 갖고 있지는 묻지도 따지지도 않고 불쑥 과도한 남녀 신체 접촉 짝놀이를 시도했다가 낭패를 본 적도 있었다. 또, 정해진 수업 시간

내에 놀이를 통해 학습목표에 도달해야 한다는 조바심에 아이들을 재촉하기도 했다. 이 모두가 놀이의 바탕인 이해와 공감, 무엇보다 학생, 교사 모두가 함께 즐거워야 한다는 기본 정신을 놓쳤기 때문에 벌어진 일이었던 것이다.

놀이 수업을 진행하기 위해서 교사가 화려한 언변과 춤, 노래, 운동 실력 등 특별한 끼를 가지고 있어야 한다는 것은 선입견에 불과하다. 교사가 뭐든지 학생들에게 멋진 본보기가 되어야 한다는 부담감을 버리는 데서 놀이 정신은 싹튼다. 혹 나는 '노는' 재주가 없고 못 놀아봐서 놀 줄도 모른다고 말하는 교사들에게는 이런 이야기를 들려드리고 싶다. 노는 것은 재주가 아닌 인간의 본능이며 그동안 선생님들께서 아이들과 수업 시간에 즐겁게 소통하고 공감했던 순간들 모두가 놀이였다고 말씀드리고 싶다.

진정한 권위는 근엄함에서 나오는 것이 아니라 학생들과의 관계 속에서 나온다. 학생들과 눈높이를 맞추고 소통하기 위해 놀이만큼 좋은 게 또 있을까. 교사가 같이 놀자고 제안하는 순간, 학생들은 자신들의 놀이 세상에 교사의 자리를 하나 만들어 준다. 그동안 별세계 사람이었던 교사를 자신들의 세계로 받아들여 준다.

같이 놀아 보겠다는 교사의 '깨진' 모습에는 진정성이 녹아 있다. 우리 아이들이 이걸 모를 리 없다. '깨진' 교사의 서툴고 못난 몸짓에서 아이들은 오히려 신뢰감을 느낀다. 그리고 교사의 열정과 사랑의 마음을 아이들은 충분히 읽을 수 있다고 믿는다. 놀이의 바탕에는 이미 함께하는 사람들에 대한 호의와 신뢰가 깔려 있다. 그렇지 않으면 놀이는 성사될 수 없기 때문이다.

자, 이제 내가 잘하는 것, 내가 좋아하는 것으로 접근하면서 최대한 학생들이 공감하는 놀이를 시도해 보자. 그러면 아이들이 좋아하는 것, 즐거워하는 것이 무엇인지 알게 된다. 반면, 아이들의 삶이 얼마나 팍팍한지, 아이들을 절망하게 하는 것들이 무엇인지도 알게 된다. 삶을 떠난 놀이란 없기 때문에 아이들 삶을 알게 되니 아이들과 함께 노는 일도 쉬워지게 되는 것이다.

놀이 수업을 통해 세상 모든 것과 접속하고 경계를 넘고 통합되는 교육을 꿈꾼다. '즐거움만이 세상을 구할 수 있다.' 놀이는 가볍지만 진지하고, 진지하면서 즐겁고 행복하다. 이런 기쁨과 즐거움을 여러 선생님과 함께하고 싶다.

2016년 4월

박현숙 · 이응희

최근에 '질문이 있는 교실'이 수업의 화두가 되고 있다.

지금까지 우리의 많은 교실은 질문은 없고, 교사의 목소리만 들리는 경우가 많았다. 소수의 아이들만이 반짝이는 눈동자로 교사의 말을 들었을 뿐이고 대다수 아이들은 '멍' 때리듯 억지로 수업 시간에 앉아 있을 뿐이었다. 교실이 캠핑장이라면 의자에 앉아 석양을 바라보며 멍 때리는 것은 의미가 있을지 모른다. 그러나 교실은 그런 '여유'를 허락하지 않는다. 아이들은 벚꽃이 만발하면 봄을 만끽하고 세상의 아름다움을 보는 것이 아니라, 새 학년의 첫 번째 시험이 다가오고 있다는 것에 초조해지게 된다. 교실은 변해야 한다, 교사의 일방적인 가르침이 아니라 아이들 스스로 찾고 스스로 가르쳐 주며 스스로 배우는 공간으로.

1993년 박현숙 선생님을 처음 만났다. 더 나은 수업과 학교를 만들어 보려는 선생님들의 놀이 교사 모임 '가위바위보'에서 서로의 실패 사례를 공유하며 조금씩 틀을 잡고 변화시킬 때 박현숙 선생님이 있었다. 용기 있게 실천하고 발전적인 변화를 추구했다. 몇 년 후 박현숙 선생님 소개로 이응희 선생님을 만났다. 언제나 '룰루랄라' 신나게 아이들과의 만남을 준비했고, 배운 것을 실천했다.

《수업, 놀이로 날개를 달다》를 만났다. 책을 다 읽고 나서 나는 참 행복했다. 이렇게 좋은 선생님들이 내 옆에 있다는 것에 감사한 마음이 들었다. 《수업, 놀이로 날개를 달다》는 국어 선생님 두 분이 노력한 결과이지만, 국어 교사만을 위한 책이 아니다. 《수업, 놀이로 날개를 달다》는 '질문이 있는 교실'에서 더 나아가 아이들이 세상을 살아가기 위해 필요한 힘들인 꿈, 끼, 꾀, 깡, 꼴을 키우는 아이들을 학교의 주인으로 만드는 책이다.

잘 노는 아이들이 잘 큰다. 아이들이 건강하게 잘 크는 세상. 이것이 교사들이 바라는 세상이다. 이 책 《수업, 놀이로 날개를 달다》가 교사들과 우리 아이들을 행복하게 할 것이다.

고맙습니다, 박현숙, 이응희 선생님.

배명중학교 교사 · 놀이 교사 모임 '가위바위보' 전 회장

이호열

차례

1부

도구를 상호적으로 사용하기

2015 교육과정에서는 핵심 역량을 이야기하고 있다. 100여 년 전 존 듀이가 '삶이 교육'이라고 했을 때, 거기에 이미 '역량' 개념이 들어 있었다. 사람이 세상을 살아가기 위해서는 필요한 힘들이 있다. 그런데 과연 그런 '힘'을 학교 수업에서 길러 내고 있을까? '힘'을 길러 낸다 함은 단순하게 텍스트를 해석하고 기억하는 것이 아니다. '힘'은 어떤 '작업'을 통해 생겨나는데, 특히 '도구를 상호적으로' 사용하는 역량은 어떤 관계망 속에서 발현되는 힘이다. 사회적 관계망 속에서 한 인간이 개인의 성장과 공동체의 발전을 위해 '도구'를 잘 사용하는 힘을 기르는 수업이 2015 교육과정에서 말하는 핵심 역량이 아닐까 한다.

언어는 '의사소통'의 수단일 뿐 아니라 '감정과 생각과 사고'를 표현하는 도구다. 의사소통은 혼자서 하는 것이 아니며, 감정과 생각과 사고는 다른 것과 부딪히는 과정에서 생긴다. 세상에 흩어져 있는 지식과 정보는 대부분 '말'로 이루어졌으며, 기술도 '말'이란 매체를 통해 익힐 수 있다. 그렇기에 상대와 '말'을 나누는 것은 중요하다.

자연스럽게 말을 하며 소통하는 것. 그것이 무엇인가 고민할 때 '놀이'가 떠올랐다. '말'을 하는 놀이들을 수업 시간에 할 때, 수업은 '소통'이 있는 공간이 될 것이다. 참 많은 수업 방법을 탐구

하면서 우리가 봤던 감동적인 수업의 공통점은 교사와 학생이 소통하고 신뢰하는 분위기 속에서 이루어지는 수업이었다. 그런 수업을 할 때 교실은 '편안하게 배울 수 있는 공간'이 되었다.

'놀이'는 이런 공간을 만드는 데 탁월하다. '놀이'는 아이들에게 쉽고, 빠르며, 친근하게 접근할 수 있는 매체다. 놀이가 지닌 교육적인 속성은 인간관계 회복은 물론 특별히 의도하지 않았던 교육적 효과(창의성, 협동성, 사회성, 자발성 함양 등)도 불러올 수 있다. 가장 큰 효과는 교사의 꼰대 기질을 빼내는 것이다(놀이를 하는데 꼰대 기질을 부리다간 바로 놀이판에서 퇴출이다).

많은 교육학 서적이 수업에서 '대화'를 소중하게 꼽고 있는데, 인간이 즐기는 말놀이가 '대화'의 밑바탕이 될 것이다. 여기 소개한 놀이 활동은 말놀이와 관련이 있다. 그러나 바라건대 놀이로 어떤 수업을 하겠다고 하지 말았으면 한다. 놀이를 다른 목적을 위해 사용하면 놀이도 죽고, 수업도 죽는다. 그저 말놀이를 통해 의사소통의 바탕인 타인에 대한 이해와 공감을 키웠으면 좋겠고, 거기에서 '사람을 익히고' '사람, 사물에 대해 관심을 가지면' 좋겠다. 그리고 그것이 바탕이 되어 실제 생활에서 말로 된 '도구'를 잘 사용하는 사람들이 많은 따뜻한 사회가 되었으면 한다.

1장

언어, 상징, 텍스트를
상호적으로 사용하는 능력

말과 문자를 상호적으로 사용하지 않는 경우가 있을까 싶지만, 수업 시간 많은 교사가 일방적으로 사용한다. 이렇게 되면 학생은 수업에서 빠져나와 '타임머신'을 타고 '시간을 빠르게 이동한다.' 여기서는 교사와 학생의 '대화'가 넘치는 바탕을 만들 수 있는 놀이를 소개하겠다. 자신을 소개하고 다른 사람에 대해 관심을 갖게 하는 놀이, 말이 지닌 재미를 발견하는 놀이를 통해 '말'과 '글'에 친근감을 느낄 수 있는 활동을 소개하겠다. 이 놀이들은, 특히 학기 초에 시도하면 즐거운 수업 분위기의 바탕을 마련할 수 있다.

1. 빙고 놀이

이 놀이는 일정한 내용에 따라 만들어진 여러 장의 카드를 각자 빈칸에 한 장씩 배열한 후 진행자가 임의로 선택하여 부르는 카드와 일치시켜 가장 빨리 가로 줄, 세로 줄, 대각선 줄을 연결하는 것을 겨루는 놀이다. 한마디로 실력보다는 운으로 무언가를 맞히는 놀이인데, 이때 '해냈다', '이겼다'라는 의미로 서양에서는 '빙고'라고 한다. 교실에서는 '만세' 등으로 바꿔도 좋을 것 같다.

빙고(만세)는 수업 시간에 가장 광범위하게 사용할 수 있는 만능 놀이다. 학기 초 학생들끼리 서로 말문을 트게 하거나 이름을 익힐 수 있도록 하는 것부터 수업 시간에 배운 중요한 개념을 기억하도록 하는 데도 도움이 되며, 자투리 시간에 심심풀이 땅콩처럼 다양하게 활용할 수 있다. 예를 들어 교과서의 여백이나 연습장, 이면지 등 쉽게 구할 수 있는 종이에 네모 칸을 여러 개 그린 후 하나의 칸 안에 단어 하나씩을 적어 넣고 진행자가 부르는 단어와 일치된 칸을 맞추어 가며 놀이를 할 수 있다. 주제는 수업 내용에 맞게 무궁무진하게 변형할 수 있다.

단어를 부르는 방법도 다양하다. 진행자가 혼자 하거나 참여자들이 순서를 정해 한 번씩 돌아가며 하는 방법, 불린 단어를 맞힌 사람 중에 선택권을 주는 방법, 학급 친구 이름이나 별명이 주제인 경우 당사자에게 기회를 주는 방법 등 다양하게 만들 수 있다.

〈그림1〉 빙고판

■ 놀이 규칙

1. 필요한 만큼 가로세로 같은 수로 칸을 만든다.
2. 진행자가 요구하는 단어들을 하나씩 자신이 원하는 칸에 넣어 빙고판을 만든다.
3. 진행자는 놀이 시작 전 빙고 칸을 어떻게 연결해야 하는지 미리 설명해 준다.
4. 진행자가 임의로 부르는 단어가 자신의 빙고판에 있으면 그 단어가 들어간 칸에 표시를 한다.
5. 이렇게 하여 표시된 칸으로 기준에 맞게 칸들을 연결하게 된 사람이 "빙고!"를 외치면 놀이가 끝난다.

(1) 소통을 위한 빙고 놀이

사람의 이름을 안다는 것은 소통의 시작이며, 그 사람의 장점을 안다는 것은 관계의 지속을 의미한다. 소통의 시작을 어색하지 않고 재미있게 하는 '이름 빙고'와 관계를 지속시킬 수 있는 바탕을 마련하는 데 도움이 되는 '칭찬 빙고' 놀이를 소개하겠다. 이 놀이들은 한 반을 대상으로 해도 좋고, 집단 상담 전 시작 놀이로도 좋다.

1) 이름을 이용한 빙고 놀이

이름을 이용한 빙고 놀이의 방법은 일반적으로 학생들이 잘 아는 빙고 놀이 칸에 반 친구의 이름을 넣어서 하면 된다. 단, 가만히 앉아서 빙고 칸을 채우는 것이 아니라 교실을 돌아다니면서 친구와 만나고, 대화를 나눈 후 그 친구 이름을 빙고 칸에 채우게 한다. 그렇게 함으로써 타인과의 의사소통을 위한 가장 기본적인 자기소개와 다른 사람에 대한 기초 지식 알기가 시작된다.

■ 놀이 규칙

1. 교사는 학생들에게 종이에 가로세로 4칸씩 16칸을 만들게 한다(활동 시간에 맞춰 칸의 개수를 조정할 수 있다).
2. 학생들에게 교실 안을 돌아다니면서 친구의 이름을 적게 한다. 이때 주의할 점은, 단순히 이름을 묻는 것이 아니라 대화를 나누어야 한다는 것이다. 예를 들어 "나는 이정섭이야. 너는 누구니?", "나는 우현우야." 하면서 인사를 끝낸 뒤 서로 악수하고 "만나서 반가워." 하면서 이름을 적어야 한다. 신체 접촉(포옹, 하이파이브, 악수 등)을 하며 인사하도록 놀이 규칙을 정할 수도 있다.
3. 남녀 합반인 경우 16칸 가운데 8칸에 자신과 성별이 다른 친구 이름을 적게 하며, 대화를 나누지 않으면 아는 이름도 적지 못하게 규칙을 정한다.
4. 가로세로 칸에 이름을 다 채운 사람은 자기 자리에 앉는다.
5. 모두 자리에 앉으면 이름 빙고가 시작된다.
6. 교사가 진행자가 돼 먼저 한 학생의 이름을 부르면, 그 학생이 일어나 자기

〈그림2〉 대화를 나누며 친구 이름을 적는다.

〈그림3〉 가로세로 칸에 이름을 다 적은 사람은 자리에 앉는다. 모두 자리에 앉으면 빙고 놀이가 시작된다.

소개를 한다. 이때 막연히 자기소개를 하라고 하면 잘 못하기 때문에 3가지 항목을 정해 준다(예를 들면 이름, 성격, 취미, 좋아하는 것, 이름의 한자 뜻풀이 등).

7. 자기소개가 끝난 학생은 다른 학생의 이름을 부르고 앉는다.
8. 학생들은 반 친구의 이름이 불릴 때 자신의 빙고 칸에 이름이 있으면 그 칸에 표시를 한다.
9. 이렇게 해서 가로, 세로, 또는 대각선으로 줄 4개를 연결한 학생이 4~5명 나오면 놀이를 마친다.
10. 시간이 허락된다면 완전히 모든 칸에 표시하는 학생이 나올 때까지 진행해도 좋다.

교실을 돌아다니면서 만나는 친구에게 자신의 이름을 소개하고 친구의 이름을 묻고, 친구가 자기 이름을 말하면 그 이름을 빙고판에 적는다. 잘 모르는 친구와 대화를 나누는 이런 경험은 새 학기 학급 친구들의 이름을 빨리 외울 수 있도록 해 줄 뿐 아니라 어렵지 않게 친해지는 계기도 된다. 이름을 아는 것은 관계 만들기의 시작이고 시작은 일의 '반'이므로, 학급의 구성원들이 빨리 친해지면서 학기 초의 서먹함을 빠른 시간 안에 없앨 수 있다.

2) 칭찬 빙고 놀이

칭찬 빙고 놀이는 칭찬하고 싶은 사람의 이름으로 하는 빙고다. 이름을 적을 때는 칭찬할 만한 내용을 머릿속에 담고 시작한다. 이름을 부를 때 칭찬하는 이유를 짤막하게 곁들인다.

이 놀이는 말하기 수업을 마치고 15~20분 정도 시간을 남긴 후 단원을 정리하는 활동으로 적당하다. 단원을 마치면서 학습 목표를 상기시키고, 말하기와 듣기 활동의 기본인 '사람 사이의 신뢰와 믿음'이 어떻게 생기는지, 어떤 작용을 하는지를 직접 경험할 수 있게 해 주는 놀이다.

■ 놀이 규칙

1. 교사는 학생들에게 가로세로 4줄씩 16개의 빙고 칸을 만들게 한다(계획한 놀이 시간이 많을 때는 빙고 칸의 수를 많게, 적을 때는 적게 교사가 판단해서 정한다). 보통은 4줄을 연결하도록 말해 준다(몇 줄을 연결해야 하는지는 주어진 놀이 시간에 따라 정하는데, 시간이 많으면 더 많이 연결하도록 한다).
2. 빙고 칸에 학급 친구들의 이름을 채운다. 다 채워지면 시작한다.
3. 시작할 때 교사(진행자)가 먼저 칭찬받을 학생의 이름을 부른다.
4. 진행자가 부른 학생의 이름을 빙고 칸에 가지고 있는 학생 중 1명에게 그 학생을 칭찬하고 또 다른 이름을 부를 수 있는 기회를 준다.
5. 불린 이름이 빙고판에 있는 학생들은 그 이름이 들어간 칸에 표시를 하며, 동시에 또 다른 학생 이름을 부를 수 있는 기회를 갖는다. 이때 이름이 불린 학생에 대해 칭찬하겠다는 지원자가 많은 경우 이름을 부른 학생이 칭찬할 학생을 직접 지목해도 되고, 진행자가 지목해도 된다.
6. 4줄(또는 사전에 말한 줄의 개수)을 모두 지운 사람이 이긴다.

■ 유의 사항

반 분위기가 활발하지 않거나 사이가 그렇게 좋지 않을 경우 빙고판에 이름을 적긴 했지만 막상 이름이 불린 학생에 대해 칭찬을 하라고 지목받으면 못하는 경우가 있다. 그러므로 교사가 학급 분위기를 살펴보면서, 불린 학생 이름을 적은 칸이 없더라도 그 학생을 칭찬할 수 있는 다른 학생을 지목해서 칭찬하게 하고 다시 또 다른 학생의 이름을 부를 기회를 주는 것이 좋다.

칭찬 빙고 놀이는 교사가 칭찬받을 어떤 학생의 이름을 먼저 부르면, 그 이름이 자신의 빙고판에 적혀 있는 학생들 중에서 그 학생을 칭찬할 수 있는 사람이 손을 들고 일어나 칭찬해야 한다. 이때 '그 친구가 쓰는 글씨가 예쁘다.', '청소를 잘 한다.', '일찍 등교한다.', '수업 시간에 모르는 것을 물어보면 잘 가르쳐 준다.' 등등 칭찬하는 이유는 어떤 것이든 상관없다. 다만 "○○가 저를 좋아해서요."와 같은 개인적인 이유는 인정해 주지 않는다.

이렇게 남을 칭찬할 수 있는 사람이 손을 들고 일어나서 다른 사람의 이름을 부르며 빙고 칸을 연결하는 것이다. 자신의 빙고 칸을 연결하기 위해서는 다른 사람을 적극적으로 칭찬해야 하는데, 누군가를 칭찬하기 위해서는 그 사람에 대해 곰곰이 생각해야 한다. 이런 과정에서 칭찬받는 사람도 칭찬하는 사람도 서로에게 관심과 사랑이 커지며, 칭찬받는 사람은 칭찬하는 사람의 관심에 고마움을 느낀다.

3) 칭찬 릴레이 빙고 놀이

■ 놀이 규칙

1. 빙고 칸에 칭찬하고 싶은 학급 친구들의 이름을 채운다. 교사(진행자)는, 칭찬 내용은 적을 필요가 없지만 마음속으로 생각해 두라고 말한다. 사소한 칭찬거리라도 있으면 이름을 적도록 진행해야 한다. 혹시라도 칸을 다 못 채우는 학생이 있다면 칭찬거리와 상관없이 친구들의 이름을 써 넣으라고 한다.
2. 교사가 먼저 한 학생의 이름을 부르면서 칭찬하는 이유를 말한다. 학생들 가운데 그 이름이 적힌 빙고 칸이 있으면 표시한다.
4. 칭찬받은 학생은 자기가 칭찬하고 싶은 친구 이름을 부른 후 이름을 적게 된 이유(칭찬하고 싶은 이유)를 말한다.

5. 이런 식으로 칭찬받은 학생이 다시 자신이 칭찬하고 싶은 친구 이름을 부르면 칭찬 릴레이처럼 계속 이어진다.

■ 유의 사항

빙고 칸을 애매하게 정해서 이름이 불리지 않는 학생이 상처받지 않도록 주의한다. 예를 들면 학급 인원이 30명인데 25칸을 만들게 하면, 학생들 대부분의 이름이 불리지만 누군가는 자신의 이름이 나오지 않아서 상처받을 수 있다. 학생 모두가 포함되도록 칸을 마련하든가, 아니면 절반 미만으로 하는 것이 좋다.

칭찬 릴레이 빙고 놀이는 칭찬받은 학생이 일어나서 다른 사람을 칭찬하고, 다시 칭찬을 받은 학생이 일어나 다른 사람을 칭찬하는 방식으로 진행되는 '칭찬 릴레이'다. 앞에 제시된 '칭찬 빙고 놀이'보다 시간이 덜 걸리고 진행 방식도 단순해서 짧은 시간에 할 수 있는 장점이 있다.

(2) 수업을 맛깔나게 하는 빙고 놀이

빙고 놀이는 어떤 과목, 어떤 수업에 사용해도 실패하지 않는 가장 안전한 놀이다. 진행이 서툴러도, 날씨가 무더워도, 방금 전 시험이 끝나서 놀자고 조르는 아이들에게도, 시험 요약을 위한 문제 내기에도 언제나 만족스런 결과를 가져다 준다.

이런 훌륭한 놀이 '빙고'를 심심풀이용, 혹은 단원 정리용으로 활용할 수 있는 방법이 있다.

1) 눈치코치 빙고 놀이

준비한 가로세로 빈칸에 학습 내용과 관련한 단어를 적어 넣어서 하는 놀이다. 먼저 모둠별로 그날 수업 내용을 정리해 보도록 한다. 그다음 학습 내용과 관련된 단어들을 골라 칸을 채워 넣도록 한다. 이 빙고는 다른 모둠이 적지 못한 단어를 외칠 경우 계속 단어를 부를 기회를 갖기 때문에 학습 내용을 폭넓게 보고 숨겨진 단어까지 찾아볼 수 있게 하는 학습 효과를 누릴 수 있다.

물론 너무 주변 단어만으로 구성할 경우 가위바위보로 단어를 부를 기회를 가져가지 못하게 되면 낭패를 볼 수 있기 때문에, 보편적으로 쓸 것 같은 단어와 그렇지 않은 단어를 적절히 섞어서 칸을 채워야 한다. 그래서 놀이 이름에 '눈치코치'라는 단어가 들어갔다.

■ 놀이 규칙

1. 모둠별로 가로세로로 5칸씩 25개의 칸을 만든 후 그날 배운 단어 가운데 25개를 골라 한 칸에 하나씩 적는다.
2. 모둠장끼리 가위바위보를 해 이긴 모둠이 먼저 자신들의 빙고판에 쓴 단어를 하나씩 부른다.
3. 어떤 모둠에서 부른 단어가 다른 모둠 빙고판에 없다면 그 모둠이 계속해서 단어를 부를 수 있다. 반대로 단어가 다른 모둠 빙고판에 있다면, 그 모둠에 단어를 말할 수 있는 권리를 넘겨줘야 한다. 이때 그 단어가 여러 모둠의 빙고판에 적혀 있을 경우에는 모둠장끼리 가위바위보를 해서 이긴 모둠이 단어를 부를 기회를 갖는다.
4. 일정 시간 안에 가장 많은 빙고 칸을 일치시킨 모둠이 이긴다. 재미를 더하기 위해 빙고 칸을 일정한 모양으로('X', 'ㄱ', '＋' 자 등) 먼저 연결한 모둠이 "빙고!"를 외쳐서 이기는 것으로 정해도 된다.

■ 유의 사항

1. 단어를 적을 때 다른 모둠도 쓸 것 같은 단어와 쓸 것 같지 않은 단어를 적절히 섞어야 유리하다.
2. 수업과 관련한 내용뿐 아니라 가수 이름, 영화 제목, 과자 이름, 반 아이들의 이름이나 별명 등으로 빈칸을 채워도 재미있다.

눈치코치 빙고 놀이는 단원을 정리하거나 중요한 용어들을 재미있게 기억할 수 있고, 수업에 흥미 없는 학생들도 단박에 끌어들일 수 있는 놀이다. 예를 들면 법에 대해 배운 다음, 기본법과 헌법, 권리, 의무 등의 단어들을 빙고 칸에 쭉 써 놓고 놀이를 한다고 해 보자. '헌법'처럼 학생들이 기본적으로 적어 놓을 단어를 자신들 빙고판에 적어서 부르면 다른 모둠에게 바로 기회를 뺏기겠지만, 그렇다고 이렇게 흔한 단어를 빙고판에 넣지 않는다면 다른 모둠에게 기회를 뺏어 올 수도 없을 것이다. 그리하여 눈치코치 빙고 놀이를 통해 수업 시간에 배운 것을 기본 개념부터 어려운 용어까지 고루 섞어 쓰는 과정에서 다시 복습하고 개념을 다질 수 있다.

2) 공감 빙고 놀이

교사와 학생들의 마음과 생각이 얼마나 잘 맞는지에 따라 승패가 결정되는 빙고 놀이로, 자투리 시간부터 단원 정리 시간 등 어떤 상황에서도 할 수 있다. 그날 수업 시간에 배운 것들 가운데 3가지(정하기 나름)를 쓰도록 해서 교사가 쓴 것과 똑같이 쓴 학생이 이기는 놀이다. 수업 내용과 관련 없이 문방구에서 파는 물건, 동물 이름, 식물 이름 등으로 다양하게 바꿔서 할 수 있다. 이때 글자 수를 정하거나 자음, 모음 힌트를 주고 시작해도 재미 있다.

■ 놀이 규칙
1. 교사가 학생들에게 공책에 그날 학습한 내용 중 한 글자로 된 단어를 하나 적도록 한다. 이때 학생들에게 옆 사람의 공책을 보지 못하도록 해야 한다. 학생들과 함께 교사도 책이나 메모지에 단어를 적는다.
2. 그다음 두 글자로 된 것을 하나 적게 한다.
3. 이어서 세 글자로 된 단어를 하나 적도록 한다.
4. 다 적은 후에 교사가 학생들과 함께 확인하는데, 교사가 적은 항목과 똑같은 항목을 적은 사람이 이긴다.

예를 들어 교사가 그날 생물 수업 시간에 나왔던 여러 단어 중 차례대로 하나씩 '잎', '물관', '광합성'을 쓴다. 그다음 이 단어들을 학생들에게 보여 주고 자신들이 적은 것과 비교해서 확인하게 한다. '잎', '물관', '광합성'을 순서대로 쓴 학생이 최종 승자가 된다. 교사가 순서대로 '잎', '물관', '광합성'을 확인하며 각각의 단어가 아닌 것을 적은 학생들의 손을 내리게 하는 과정에서 남은 학생들은 환호성을, 손을 내리는 학생들은 아우성을 지르는 데 이 놀이의 재미가 있다.

이 놀이로 그날 배운 것 중 가장 핵심적인 개념을 3가지 정도 추출해서 확인할 수 있다. 아주 우연적인 요소가 승패를 결정하는데, 그것이 이 놀이의 묘미다.

여러 번 놀이를 하다 보면 3가지를 쓸 때 수업 시간에 배운 것들 중 가장 핵심적인 단어를 쓰는 것이 요령임을 알게 되며, 동시에 수업 시간에 배운 내용 가운데 가장 핵심적인 것을 쉽게 기억하게도 된다.

2. 암호 풀이 놀이

수업을 시작할 때나 활동 내용을 소개할 때, 또는 중요한 내용을 확인할 때 여러 가지 기호를 암호로 만들어 이용하는 놀이다. 필요한 경우에는 암호 해독을 위한 풀이표도 함께 제시한다. 기호 속에 숨겨진 규칙성을 찾는 과정에서 학생들의 집중력과 사고력, 창의력을 키울 수 있다. 무엇보다 학습 목표나 학습의 주제 등을 암호로 제시하면 수업에 더욱 몰입하게 할 수 있으며, 주제나 핵심어를 오래 기억할 수 있도록 도와준다.

암호 풀이는 여러 가지 수업에서 응용할 수 있다. 여기에서 제시하는 암호를 사용하는 것이 가장 편하겠지만 직접 만들어서 사용해도 좋다. 이 놀이를 계속하다 보면 학생들이 자신들이 만든 암호를 교사에게 제시하면서 풀어 보라고 하기도 한다. 그 암호가 쓸 만하면 저작권법에 위배되지 않도록 적당한 보상을 한 후 교사가 사용하면 된다.

(1) 암호 풀이표를 제시하지 않는 경우

암호는 다양한 방식으로 만들어서 적용할 수 있다. 예를 들어 '낮말은 새가 듣고 밤말은 쥐가 듣는다'는 속담을 암호화한다면 다음과 같이 몇 가지 방법을 사용할 수 있다.

■ 놀이 규칙

1. 교사는 원래 전달하고자 한 의미의 문장이나 단어를 다음과 같은 일정한 기준에 따라 암호문으로 바꾼다.

   ① 네 글자 간격으로 띄어서 읽는 방법으로 암호를 만든 경우

낮	가	말	듣	말	듣	은	는	은	고	쥐	다	새	밤	가
1	2	3	4	1	2	3	4	은	1	2	3	4	1	2	3
4	1	2	3	4	1	2	3	4	1	2	3	4	1	2
3	4	1	2	3	4	1	2	3	4	1	2	3	4	1
2	3	4	1	2	3	4	1	2	3	4	1	2	3	4

   ② 앞에 있는 글자와 뒤에 있는 글자를 번갈아 읽도록 만드는 경우. 앞에서 첫 번째 글자 → 뒤에서 첫 번째 글자 → 앞에서 두 번째 글자 → 뒤에서 두 번째 글자 → ……

   ③ 자음과 모음을 풀어 뒤에서부터 읽도록 암호를 만드는 경우

2. 학생들에게 암호문을 제시한다.

   ① 네 글자씩 끊어서 첫 번째 글자를 읽도록 암호를 만든 경우
   낮가말듣말듣은는은고쥐다새밤가

   ② 앞에 있는 글자와 뒤에 있는 글자를 번갈아 읽도록 만드는 경우
   낮은가고말쥐듣는다가은밤새말

   ③ 자음과 모음을 풀어 뒤에서부터 읽도록 암호를 만드는 경우
   ㅏ ㄷ ㅡ ㄴ ㄷ ㅡ ㄷ ㅏ ㄱ ㅣ ㅜ ㅈ ㄴ ㅡ ㅇ ㄹ ㅏ ㅁ ㅁ ㅏ ㅂ ㅗ ㄱ
   ㄷ ㅡ ㄷ ㅏ ㄱ ㅐ ㅅ ㄴ ㅡ ㅇ ㄹ ㅏ ㅁ ㅈ ㅏ ㄴ

3. 학생들에게 암호문을 풀도록 한다.

(2) 암호 풀이표를 제시하는 경우

원문을 암호문으로 바꾸어 주는 특별한 풀이표를 알고 있어야 풀 수 있도록 암호문을 만든 경우다. 암호 풀이표를 제시하지 않은 경우와 마찬가지로 '낮말은 새가 듣고 밤말은 쥐가 듣는다'를 암호문으로 바꾼다고 가정해 보자.

■ 놀이 규칙

1. 원래 전달하고자 한 의미의 문장이나 단어를 알아낼 열쇠인 암호 풀이표를 칠판에 적는다.

〈표1〉 암호 풀이표 사례(1)

A	B	C	D	E	F	G	H	I	J	K	L	M	N
ㄱ	ㄴ	ㄷ	ㄹ	ㅁ	ㅂ	ㅅ	ㅇ	ㅈ	ㅊ	ㅋ	ㅌ	ㅍ	ㅎ
1	2	3	4	5	6	7	8	9	10				
ㅏ	ㅑ	ㅓ	ㅕ	ㅗ	ㅛ	ㅜ	ㅠ	ㅡ	ㅣ				

2. 암호문을 제시한다.
   B1I E1D H9B G110 A1 C9C A5 F1E E1D H9B I710 A1 C9C B9B C1

3. 학생들에게 암호를 풀도록 한다. 이때 풀이표를 미리 칠판에 적어 놓으면 (이 풀이표에서는 영어 알파벳은 한글 자음이고, 숫자는 한글 모음이다), 학생들이 풀이표를 보면서 궁리하다 풀이표에 적힌 영문과 숫자를 대입하면 문장이 된다는 것을 터득하고 암호를 해독하게 된다.

조금 더 복잡한 풀이표가 있어야 암호가 풀리도록 만들 수도 있다.

1. 암호 풀이표를 칠판에 적는다.

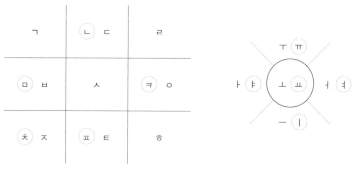

〈그림4〉 암호 풀이표 사례(2)

2. 학생들에게 암호문을 제시한다.

〈그림5〉 암호문

〈그림4〉를 보면, 자음은 왼쪽 격자표에 위치한 글자에 따라 해독하고, 모음은 오른쪽 방사선표에 위치한 글자에 따라 해독해야 한다. 암호문에 적힌 기호는 자음과 모음이 놓인 위치를 표시한 것이다. 〈그림5〉 암호문에 표시된 기호 |ㅇ|은 왼쪽 격자표에 위치한 자음 'ㄴ', 기호 ⟩은 오른쪽 방사선표에 있는 모음 'ㅏ'를 뜻한다.

이 책을 읽는 사람은 암호문을 읽고 한 번 풀어 보라. 조금 시간이 걸리겠지만 풀릴 것이다. 그러면 다른 암호 해독표도 만들 수 있게 된다.

암호 풀이 놀이를 할 때는 학생들에게 시간을 충분히 주어야 한다. 아이들이 암호를 풀었을 때 느끼는 기쁨을 위해 참을성 있게 기다려 줘야 한다. 아이들도 마찬가지로 암호가 풀리지 않는다고 쉽게 포기하거나 산만해지지 않도록 해야 한다. 주변 친구들이 문제를 푸는 과정을 지켜보고 곁눈질로 배우는 것만으로도 훌륭한 배움이 될 수 있다.

3. 사전 놀이

언젠가부터 우리 손에는 항상 스마트폰이 들려 있다. 모르는 것이 있으면 바로바로 스마트폰으로 검색하면 되므로 종이로 된 책은 결국 사라질 수밖에 없을 것이라는 예측이 나왔던 이유다.

하지만 배움에서 책은 여전히 가장 큰 힘을 발휘한다. 모르는 것이 있을 때 스마트폰을 켜는 것이 가장 쉽고 편한 방법이겠지만, 스마트폰 사전과 종이 책 사전은 공부의 폭에서 비교가 되지 않는다. 모르는 단어나 개념에 대해 알기 위해 수업 시간 중 종종 사전을 사용하다 보면 의도하지 않은 배움이 학생들 사이에서 나타나기도 한다. 의도히지는 않았지만 바로 그 지점에서 학생들은 더 많은 것을 배우기도 한다.

종이 책 사전은, 찾고 싶은 것을 치면 해당하는 내용만 화면에 펼쳐지는 스마트폰과 달리, 찾고 싶은 단어나 개념 앞뒤로 그와 유사한 음절들이 주르룩 늘어져 있고, 그런 것들을 함께 보면서 배움의 폭을 넓힐 수 있는 아주 큰 장점이 있다. 시간이 없다며 교사들이 학생들을 보채지 않고 마음껏 종이 책 사전을 떠돌아다니도록 넉넉한 마음으로 보아 준다면 학생들은 사전을 좋아하게 되고, 교사가 찾으라고 하지 않아도 자신들이 모르는 것을 바로바로 찾는다. 이것이 바로 자기주도 학습이 아닌가! 그러니 수업 시간에는 종이 책 사전을 갖고 놀아 보자.

(1) 사전 찾기 놀이

교사가 교과서 내용만 잘 설명하면 학생들은 무리 없이 이해할 것 같지만, 학생들이 배우는 과정을 잘 들여다보면 가르쳐 준 것을 그대로 암기하는 것으로 배웠다고 생각하는 경우가 많다. 그래서 학생들에게 스스로 교과서를 읽고 이해할 수 있도록 하려면 먼저 교과서에 나오는 중요 낱말과 어휘의 뜻을 알게 이해시켜야 한다. 그동안 문제 풀이식, 정답 찾기 수업 방식에 내몰리다 보니 자기주도적인 학습 시간이 필요한, 개념의 뜻을 찾고 생각하도록 하는 공부가 소홀히 다뤄진 것이 맞다.

■ 놀이 규칙

1. 교사는 학생 2명당(짝) 사전 1권씩을 준비하도록 한다.
2. 책을 읽으며 모르는 단어를 공책에 적거나, 책에 표시하게 한다.
3. 다 표시한 후 모르는 단어를 사전에서 찾아내게 한다.
4. 단어의 뜻을 찾은 후 단어를 응용해 문장을 만들게 한다.
5. 학생들이 만든 문장에서 특정한 단어를 지우고 그곳에 빈칸을 넣어 퀴즈 문제를 만들게 한다.
6. 모둠 대항 혹은 반 전체를 대상으로 맞히기 놀이를 한다.

인터넷이 보편화되면서 모르는 낱말이나 개념을 종이 책 사전에서 찾는 것이 아주 원시적인 일이 되어 버렸다. 그렇지만 살다 보면 인터넷이 아닌 종이 책 사전에서 낱말이나 용어, 각종 지식을 찾아봐야 할 일이 생기기에 수업 시간에 사전 찾는 방법을 가르치고, 수업을 통해 모르는 것을 스스로 찾는 태도를 갖게 하는 것이 중요하다.

사전 찾기 놀이는 실제 종이 책 사전을 가지고 혼자 하거나 짝과 함께, 또는 모둠별로 낱말을 찾는 활동을 통해 사전에 대한 친근함, 편리성을 느끼도록 하는 활동이다. 나아가 인터넷 매체에만 익숙해진 요즘 아이들에게 인쇄 매체가 지닌 정보력과 정보의 통합, 구성력이라는 장점에 눈을 뜨게 해 줄 수 있다.

(2) 통신 언어 사전 만들기 놀이

사전 만들기 놀이는 '메이킹 북스'로 여러 갈래 수업에 응용할 수 있으며 1~2차시용이다. 보통 A4나 B4 용지를 사용하는데, 다 만들어졌을 때의 크기를 생각하면 B4 용지 정도 크기가 적당하다. 먼저 용지를 접거나 오려서 책의 형태를 만든 후, 겉표지를 꾸미고 그 안에 사전 형식의 낱말 풀이로 내용을 구성하는 것이다.

과목마다 중요한 개념들로 구성된 단어 사전을 만들 수 있다. 예를 들어 한문 사자성어 사전, 생물 용어 사전, 음악 용어 사전 등이 될 수 있다. 단어 사전이 아니어도 어떤 과목, 어떤 영역에서 글이나 책을 읽은 후 간단하게 책을 만드는 '메이킹 북스' 활동도 좋다.

요즘은 스마트폰이 일반화돼 청소년들 역시 인터넷 정보 검색에는 익숙해 있지만 인터넷에서 찾을 수 없는 것도 분명히 있다. 이 경우에는 사전을 찾아보도록 지도해야 한다. 그러려면 사전을 찾는 방법을 학습해야 하는데, 직접 사전을 만들다 보면 굳이 설명하지 않더라도 저절로 깨닫게 된다.

또 인터넷 사전보다 책으로 된 사전의 좋은 면도 발견할 수 있게 된다. 종이책 사전은 찾고자 하는 단어의 뜻뿐 아니라 한 단어의 파생어들도 두루 살펴볼 수 있게 한다. 그리고 편파적인 단어

지식보다 우리말에 대한 전체적인 안목을 키워 줄 수 있기 때문에 인터넷 사전과 비교할 수 없는 장점들을 지니고 있다.

■ 놀이 규칙

1. 학생들에게 미리 인터넷상에서 사용되는 용어를 정리해 오도록 한다.
2. A4(또는 B4) 용지, 색칠 도구, 풀, 가위를 모둠별로 준비하게 한다. 모둠은 보통 4명으로 구성한다.
3. 종이로 책 만드는 법을 아이들에게 설명한다.

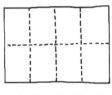

① 종이를 여덟 등분하여 접는다.

② 가운데 한 면만 가위로 자른다.

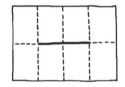

③ 펼치면 가운데 두 면이 잘려 있다

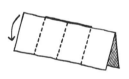

④ 세로로 이등분하여 접는다.

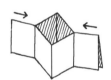

⑤ 이때 자른 면이 접히는 면이 된다.

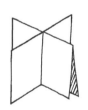

⑥ 양옆으로 밀면 가운데 네모 공간이 생긴다.

⑦ 네 귀퉁이가 맞게 공간을 민다. 이때 안쪽으로 들어간 공간에 풀칠을 하면 나중에 너덜거리지 않고 진짜 책처럼 된다.

4. 겉면 2개 쪽은 책 표지로, 안의 6개 쪽은 본문으로 활용하게 한다.

■ 유의 사항
1. 사전이므로 찾기 쉽도록 분류 기준을 정해 언어를 배열하도록 한다.
2. 색인을 하게 한다.
3. 사전에 이름을 붙인다.
4. 시각적으로 구성하여 사전다운 맛이 나도록 한다.

통신 언어 사전을 만들다 보면 인터넷상에서 많이 사용하는 비속어를 반드시 다루게 되어 있다. 따라서 교사는 학생들이 사전을 만드는 동안 올바른 언어생활에 대해 다시 한 번 생각해 볼 수 있도록 유도해야 한다.

〈그림6〉 아이들이 만든 통신 언어 사전들. 가장 얇은 책의 이름으로 '두꺼운'이라는 형용사를 붙여 놓은 것도 있다.

〈그림7〉 '두꺼운 통신 용어 사전'의 표지면

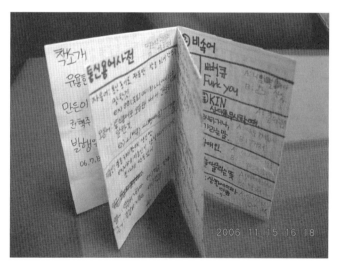

〈그림8〉 '두꺼운 통신 용어 사전'을 펼쳐 본 내부 면

학교에서 창의적 체험활동을 갈 때는 교사가 일정과 참고 자료, 유의 사항 등을 만들어서 학생들에게 나누어 주는데, 그런 자료는 나눠 주는 순간 반은 버려진다. 그런데 학생들에게 모둠별로 작은 책자로 만들게 해 체험활동 내내 메모하고, 일정을 확인하고, 감상 등을 적게 하면 갔다 와서도 두고두고 간직한다. 나중에 체험활동 감상문을 따로 쓰게 하지 않고, 이 워크북을 걷어서 시상을 할 수도 있다. 다음은 그렇게 만든 창의적 체험활동 워크북이다.

〈그림9〉 창의적 체험활동 워크북(1)

〈그림10〉 창의적 체험활동 워크북(2)

〈그림11〉 창의적 체험활동 워크북(3)

〈그림12〉 창의적 체험활동 워크북(4)

‘메이킹 북스’와 같은 활동은 시간이 걸리기는 하지만 학생들에게는 익힌 지식을 내면화하는 기회가 된다. 그러므로 무엇보다 교사들의 기다림이 필요하다. 그 기다림 속에서 학생들은 스스로 활동하며 확실하게 배움으로 연결 지을 수 있는 기회를 얻게 된다.

학기 초엔 학생들이 준비물을 가져오지 않는 경우가 종종 있으므로, 미리 색연필 5~6세트, 네임펜 5~6세트, 풀, 가위 등을 학습 재료로 신청해서 가지고 있는 것이 좋다. 준비물을 가져오지 않았다고 교사가 벌컥 화를 내면 학생들은 수업에서 바로 빠져나가 버리고 수업만 망가진다.

4. 낱말이나 문장 가지고 놀기

이 놀이는 종이책 사전이나 교과서, 신문 등을 가지고 낱말과 글자에 대한 감각을 익힐 수 있을 뿐 아니라 어휘력을 기를 수 있으며, 학습할 내용의 제시와 복습, 정리도 효과적으로 할 수 있다.

여러 낱말 속에서 적당한 말을 찾아 문장을 만들다 보면 저절로 우리말의 문장구조를 파악하는 데 큰 도움이 된다. 또 같은 낱말을 순서만 바꾸어 내용이 다른 문장으로 만들어 내는 과정을 통해 우리말의 묘미를 느낄 수도 있다.

(1) 스피드 낱말 퀴즈 놀이

이 놀이는 낱말 카드를 가지고 정해진 시간 안에 많은 단어를 맞히는 놀이다. 빠르게 진행해야 재미있기 때문에 설명하는 사람은 단어의 뜻을 정확히 알기 쉽게 설명할 수 있어야 하고 맞히는 사람도 그 단어의 뜻을 미리 알고 있어야 답을 맞힐 수 있다. 따라서 놀이하기 전 모둠원끼리 단어에 대해 함께 협력학습을 하는 시간을 주는 것이 중요하다. 단원의 마무리에서 중요한 개념을 익히고 넘어갈 때 하면 좋다.

■ 놀이 규칙
1. 교사가 미리 학생들에게 모둠별로 20개 정도 개념어를 정하게 하고, 그 의미를 적은 종이를 교사에게 내도록 한다.
2. 교사는 학생들이 제출한 단어들 중 중복되는 것을 빼고 10개씩 하나로 묶어 퀴즈 문제를 만든다.
3. 퀴즈를 시작하기 전 문제를 풀 수 있는 제한 시간을 정한다.
4. 순서대로 한 모둠에서 1명이 나와 단어 묶음 하나를 선택한 후 묶음 순서에 따라 단어를 설명하면 나머지 모둠원이 단어를 재빨리 맞힌다. 다음 단어를 맞히기 위해서는 먼저 설명한 학생은 들어가고 다른 학생이 나와서 퀴즈를 내야 한다.
4-1. 4의 변형으로 단어를 설명하는 사람을 고정시켜 놓고 나머지 모둠원이 순서대로 돌아가며 맞히는 방법도 있다. 모둠원은 차례대로 줄을 서거나 않은 상태에서 단어를 맞혀야 하는데, 맞히면 문제를 계속 풀고 못 맞히는 경우 "통과!"라고 외치면 뒷사람에게 문제가 넘어간다. 자기 순서가 아닌 모둠원이 정답을 말하면 오답 처리한다.
4-2. 4의 변형으로 모둠원 1명이 문제를 내고 다른 모둠원이 차례대로 줄을 서서 정답을 맞혀야 하는데, 정답을 맞히면 그 학생이 퀴즈 문제를 내는 사

람 자리로 들어가고, 먼저 그 자리에 있던 학생은 문제를 맞혀야 하는 모둠
원 줄 맨 뒤에 가서 선다. 정답을 못 맞혀도 맨 뒤로 가서 줄을 선다. 같은
단어 문제를 계속 못 맞히는 경우, 문제를 설명한 모둠원이 "통과!"라고 외
치고 다음 단어 문제를 설명할 수 있다.
5. 교사는 단어 카드 넘기는 것을 옆에서 도와주며, 못 맞히고 통과된 단어는
다른 모둠에게 맞힐 기회를 줄 수도 있다.

타이머를 활용하면 더 실감나는 놀이가 된다. 하지만 자칫 맞
히기에만 급급해 내용을 충분히 설명하지 않고 넘어가면 학습 효
과가 반감될 수 있으니 유의해야 한다. 결과보다는 미리 공부하
는 과정이 중요함을 알려 주고 시작하는 것이 좋다. 따라서 충분
한 시간을 주고 모둠끼리 협력 활동을 시킨 후 진행하도록 한다.

(2) 몸으로 표현하기

수업에서 배운 핵심 내용을 몸으로 표현해서 맞히는 놀이다.
진행자가 단원의 중요한 개념을 카드에 적어 보여 주면 모둠 대
표가 몸이나 표정, 동작으로 표현하고 나머지 모둠원이 맞히는
놀이다. 스피드 낱말 퀴즈와 같은 방식으로 진행하면 된다.

- ■ 놀이 규칙
1. 교과 수업에서 학습한 주요 사건이나 개념을 카드 1장에 하나씩 적어서 준
비한다.
2. 카드를 보고 문제를 설명할 모둠 대표 1명씩 뽑는다.
3. 진행자(교사)가 모둠 대표에게 카드를 1장씩 보여 주면, 모둠 대표는 카드

에 적힌 내용을 나머지 모둠원이 알 수 있도록 몸동작으로 표현한다.
4. 모둠 대표의 몸동작을 보고 나머지 모둠원은 정답을 맞혀야 한다. 제한된 시간 안에 정답을 가장 많이 맞힌 모둠이 이긴다.

예를 들어 역사 수업에서 '만적의 난'을 교사가 카드에 적어 모둠 대표에게 보이면 모둠 대표는 모둠원이 알 수 있게 만적의 난을 몸동작으로 표현해야 하며, 모둠원들은 그 몸동작을 보고 알아맞혀야 한다. 과학 수업에서는 물질의 상태 변화나 분자의 운동 같은 것을 몸으로 표현하게 할 수 있다. 고체 상태는 움직임이 거의 없는 진동으로, 액체는 움직임이 조금 더 크게, 기체는 아주 크게 표현하는 등 자신이 생각하는 개념을 몸으로 표현하고 그것이 무엇을 의미하는지 맞히게 한다.

이 활동은 많이 알려져 있어 식상해 보일 수도 있지만 많이 한다는 것은 그만큼 재미가 있다고 검증된 셈이다. 어떤 개념을 몸으로 표현하기 위해서는 그것에 대해 정확하게 알아야만 가능하다. 그렇기 때문에 표현하는 사람부터 보고 맞히는 사람까지 개념에 대해 깊이 생각하고, 알게 된 것을 자신의 언어로 나타내는 차원 높은 활동이다. 학생들이 서먹해할 수 있기에 처음 시작할 때 교사가 시범을 보여 주면 흥미와 참여도를 높일 수 있다.

(3) 뒤집어도 같은 말 찾기

우리말 중에는 종이에 써서 180° 돌렸을 때 똑같은 모양이 되는 글자가 있다. 또 왼쪽에서 오른쪽으로 읽었을 때와 반대로 오른쪽에서 왼쪽으로 읽어도 소리가 똑같은 것도 있다. 뒤집어도 같은 말 찾기는 이러한 글자와 문장을 모둠원끼리 상의해서 빨리 찾아내는 놀이다. 제한 시간 안에 다른 모둠보다 더 많이 찾아내는 모둠에게 보상을 준다. 문장뿐 아니라 어절을 찾거나 만들기도 할 수 있다.

■ 놀이 규칙

1. 교사는 다음과 같은 문제를 준비한다.
   (1) 우리글의 1음절 글자 중 위아래를 거꾸로 뒤집어도 똑같은 글자들이 있는데, 어떤 글자일까요? (해당되는 글자는 모두 7개로 '를', '응', '믐', '표', '근', '늑', '후'이다.)
   (2) 우리말에는 앞뒤를 거꾸로 읽어도 같은 단어들이 있는데, 어떤 단어일까요? (해당되는 단어에는 소개소, 아리아, 다시다, 토마토, 기러기, 바야바, 스위스, 일요일, 오디오, 실험실, 아시아, 장발장, 트로트, 통술집술통 등이 있다.)
   (3) 앞뒤를 거꾸로 읽어도 같은 문장을 만들어 보세요. (해당되는 문장에는 '소주 만병만 주소.', '다시 합창합시다.', '아 좋다 좋아.', '다들 잠들다.', '여보 안경 안 보여.' 등과 같은 문장이 있다.)
2. 교사가 하나씩 문제를 내면, 학생들은 모둠별로 상의해서 해당되는 글자, 단어, 문장을 제한 시간 내에 써내야 한다.
3. 제한 시간 안에 가장 많은 글자, 단어, 문장을 써낸 모둠이 이긴다.

이 놀이는 자투리 시간에 하면 좋은데, 1음절부터 시작해서 문장까지 가면 학생들이 비슷한 유형의 문제를 만들어 와 교사에게 낸다. 이런 문제들이 다른 반에 가면 또 다른 재미있는 문제로 변형된다. 이런 문제들 외에도 비슷한 유형의 문제를 새롭게 만들어 보는 기회를 제공해 창의력을 키워 보는 활동으로 확장시켜도 좋다.

(4) 뒤죽박죽 글자에서 단어나 문장 찾기

흩어져 있는 글자들 중에서 제시된 단어나 관련된 단어를 빨리 찾아보는 놀이다. 언어 감각이나 집중력을 키우기에 적합하다. 학습 능력과 관계가 적어 직감이나 직관이 발달한 학생에게 자신감을 줄 수 있는 고마운 놀이이기도 하다. 요즘은 파워포인트 자료와 같은 시청각 자료로 많이 제작되어 있고 TV의 오락, 예능 프로그램에서 자주 사용돼 아이들에게 친숙한 놀이다.

■ 놀이 규칙

1. 교사는 학급의 모둠 수만큼 글자판(글자 조각) 세트를 준비해 하나씩 나눠 준다.
2. 글자판을 책상 위에 늘어놓고 뒤죽박죽 섞는다. 이때 글자 조각을 뒤집어 보이지 않는 쪽으로 한다.
3. 다 섞이면 하나씩 재빨리 뒤집어 글자를 확인한다.
4. 제시된 단어나 문장을 순서에 맞게 배열하도록 한다.
5. 먼저 맞힌 모둠이 이긴다.

글자판으로 만들기 적당한 내용으로는 수업 주제와 관련된 문장이나 핵심 단어 등이 좋다. 재미로 할 경우엔 노래 가사나 제목, 유명한 문구 등으로 구성해도 된다.

예) 의 던 은 꽃 골 꽃 복 기 달 향 피 는 아 구 아 진 살 고 산 꽃 나 숭 살 래 → 〈고향의 봄〉의 가사

예) 신 을 당 말 사 해 정 로 랑 → 당신을 정말로 사랑해

국어 수업에서 문장 구성에 대한 공부로 활용할 때는 글자 조각 대신 문장성분 조각으로 만들 수 있다. 문장성분을 뒤죽박죽 섞은 후 어법에 맞는 순서로 문장을 구성해 보도록 한다.

예) 다음 단어 카드를 우리말 어순에 맞게 배열해 보자.

| 싱싱한 | 아름다운 | 모두 | 샀다 | 꽃을 | 여인이 |

→ 아름다운 여인이 싱싱한 꽃을 모두 샀다.

→ 싱싱한 여인이 아름다운 꽃을 샀다. 모두~(이런 답이 나왔을 때는 이렇게 문장을 만든 의도를 설명하라고 하면 수업 분위기가 더 재미나게 만들어진다. 아이들의 자유분방한 상상력이 펼쳐지기 때문이다.)

→ 모든(모두) 여인은(여인이) 아름답고(아름다운) 싱싱한 꽃을 산다(샀다).

(5) 퐁당 놀이

이 놀이는 수수께끼의 일종이다. 문장 안에 있던 원래 단어 대신 엉뚱한 단어(예를 들면 '퐁당')를 넣어 몇 개의 문장을 만든다. 문장의 내용만으로 유추해 보거나 문장과 문장 간 내용을 연결하거나 공통점, 연관성을 찾아내 원래의 단어가 무엇이었는지 맞히는 놀이다. 언제 어느 때 써도 재밌는 놀이로, 상상력과 유추 능력까지 기를 수 있다.

■ 놀이 규칙
1. 교사가 먼저 설명하고자 하는 대상을 정한다.
2. 주요 단어를 전혀 관련성이 없는 단어로 바꾼다.
3. 바꾼 단어를 활용한 문장을 4개 정도(개수는 상황에 맞게) 만든다.
4. 교사가 문장을 하나씩 소개하면 모둠별로 원래 단어가 무엇인지 맞힌다.

■ 유의 사항
1. 문제를 만들 때 처음에는 맞히기 어렵게 만들고, 점점 힌트를 많이 주어야 맞히는 재미가 있다.
2. 문장 안의 단어를 바꿀 때는 '퐁당' 대신 사람 이름도 좋고 추상적인 개념도 괜찮다. 설명하고자 하는 개념과 거리가 먼 이질적인 단어를 사용하는 것이 훨씬 재밌다.
   1) '여자친구'(인기 가수 그룹명)에게서는 냄새가 납니다.
   2) '여자친구'는 뜨거우면 오그라들지요. 자, 무엇일까요?
   3) 못 맞혔다면 다음 문장을 들어 보세요. '여자친구'는 초장에 찍어 먹으면 더 맛있어요.
   4) '여자친구'는 다리가 열 개예요. → 정답은 '오징어'.
3. '퐁당'에 해당하는 단어를 다른 모둠이 알지 못하도록 비밀 유지를 잘해야

한다.

국어 수업 중에 이 놀이를 한다면 설명 방법을 배운 후 확인 학습 단계에서 활용할 수 있다. 설명 방법 중 정의, 인과, 분류, 예시 등을 활용한 문장을 만들도록 한다. 예를 들면 '김치'를 퐁당으로 바꾸면 다음과 같은 문장을 만들 수 있다.

1) '퐁당'의 종류에는 물퐁당(물김치), 백퐁당(백김치), 총각퐁당(총각김치) 등 셀 수 없이 많습니다. → 분류

2) '퐁당'이 없으면 저는 하루도 살 수 없습니다. 왜냐하면 '퐁당'은 저의 식욕을 살리는 유일한 존재이기 때문입니다. → 인과

수수께끼처럼 답을 찾은 과정에서 얻는 재미와 학습의 효과까지 함께 누릴 수 있는 일석이조 놀이로 활용 가능하다.

(6) 낱말 추적 놀이

추적 놀이는 여러 명이 한 모둠이 돼 마련된 놀이판의 놀이를 다했을 때 완성되는 놀이다. 이 놀이 역시 체험 마당을 여러 개 마련해야 더 재미있다. 또 장소는 넓을수록 좋다. 모둠과 체험 마당 개수를 같게 하고, 한 마당에 머무는 시간과 이동 시간도 같게 한다. 빨리 끝내도 다른 마당으로 진행할 수 있는 시간이 정해져 있어 그 마당에서 기다려야 한다. 기다리는 동안 마당 지킴이가 보너스 문제를 내도록 준비시킨다.

중학교는 1차시 수업 시간이 45분이므로 마당 개수는 4개로 하

고 약 10분씩 머무르게 하면 좋다. 사전에 마당 지킴이를 4명 정도 뽑고 역할에 대한 사전 교육을 해야 한다.

마당마다 제시될 단어 묶음은 교사가 준비해도 되고 아이들이 적어 낸 것을 모아도 된다.

■ 놀이 규칙

1. 두레마다 1명은 마당 지킴이로 남겨 두어야 한다.
2. 첫 마당 출발은 암호문 해독으로 하는 것이 좋다. 시작할 때 혼잡을 피할 수 있고 학생들에게 놀이에 대한 호기심과 집중을 유도할 수 있다. 먼저 암호를 푸는 모둠에게 가산점을 준다. 암호문에 적힌 마당으로 찾아가 지킴이의 지시를 기다린다.
3. 모든 모둠이 각 마당에 도착하면 놀이를 시작한다. 각 마당에서의 소요 시간은 10분으로 제한한다. 운동장 같은 넓은 장소에서 실시할 때는 이동 시간을 고려해 소요 시간을 조정한다.
4. 마당의 돌림 순서는 일정하게 시계 방향이나 반시계 방향으로 한다. 다음 마당으로 이동하는 시간도 비슷하게 정해서 지킴이의 지시에 따라 움직인다. 그렇지 않으면 혼란스러워진다.
5. 마당별 점수는 지킴이가 공정하게 매긴다. 사전에 준비한 평가표로 모둠의 점수를 매기며, 점수표는 모둠장이 가지고 다니면서, 지킴이의 점수와 사인을 받은 후 마지막에 교사에게 제출한다.
6. 질서를 잘 지키고 열심히 참여한 모둠에게도 가산점을 준다. 지킴이가 준 평가 점수와 합산해 가장 높은 점수를 받은 모둠에게 시상한다.

마당 구성은 교사의 창의력에 따라 여러 가지 놀이 형태로 만들 수 있다.

1마당: 몸짓으로 단어 알아맞히기(예: '포복절도')

마당 지킴이가 '포복절도'란 단어를 자신의 마당에 온 모둠원 중 한 명에게만 보여 준다. 단어를 본 모둠원이 나머지 모둠원에게 몸짓으로 포복절도를 설명하여, 모둠원의 입에서 포복절도가 나와야 다음 마당으로 옮길 수 있다. 마당 지킴이는 각 모둠이 포복절도를 맞히는 과정을 잘 관찰한 후 점수판에 점수를 주면 된다.

2마당: 단어를 보고 몸으로 글자 만들기(예: '계륵')

마당 지킴이가 '계륵'이라고 쓴 카드를 보여 주면, 모둠원은 바닥에 누워 몸으로 계륵이라는 글자를 만들어야 한다.

3마당: 스피드 낱말 퀴즈(예: '대관령', '백과사전')

교과서에 나와 있는 어려운 단어들로 구성된 단어 카드를 모둠원 중 한 사람이 설명하면 나머지 사람들이 맞히는 단계로, 위에 제시된 예처럼 4개 혹은 5~6개의 단어 카드로 놀이가 진행된다.

4마당: 등판 글씨 전달하기(예: '미지의 세계')

모둠원이 앞사람의 등판을 볼 수 있게 길게 한 줄로 서면, 마당 지킴이가 '미지의 세계'라고 쓴 카드를 맨 뒤에 선 모둠원에게 보여 준다. 카드를 본 사람이 자신의 앞사람 등판에 '미지의 세계'라고 쓰면, 그 사람은 그 앞사람 등판에 쓰고, 계속 앞으로 전달해 등판에 쓰며, 마지막 사람이 '미지의 세계'를 맞혀야 이긴다.

〈표8〉 마당별 평가표 예시

모둠명	1마당(20점)		2마당(20점)		3마당(20점)		4마당(20점)		가산점	합계
	협동성 (10)	맞힌 개수 (10)	적극성 (10)	맞힌 개수 (10)	표현력 (10)	맞힌 개수 (10)	적극성 (10)	협동성 (10)		
짱구										
나리										

※교사는 사전에 마당 지킴이들에게 채점 기준에 대해 설명하도록 한다.

이 놀이는 도서관 같은 넓은 공간에서 하는 것이 좋다. 넓은 공간을 움직이며 몸으로 낱말을 만들기도 하고 낱말 뜻을 설명하는 놀이를 통해 교실 수업의 답답함에서 해방되는 큰 기쁨까지 더불어 선사할 수 있다.

5. 수업을 시작할 때 확 깨우는 놀이 (고정관념 깨기 놀이)

고정관념 깨기 놀이는 수업을 흥미롭게 시작하기 위한 도입 놀이로 매우 유용하다. 어떤 수업에서든 본론으로 들어가기 전에 활용하면 흥미와 동기 유발에 효과 만점일 뿐 아니라 통찰력이나 비판적 사고의 기술에 대한 기초적 방법 제시가 된다.

(1) 하부구조는 상부구조를 지배한다

이 놀이를 하다 보면 음절의 구조를 자연스럽게 체득할 수 있다. 한 단어에 종성이 몇 개 있는지를 묻는 간단한 질문이지만 '상부구조는 하부구조를 지배한다'는 명제가 또 다른 상상력을 발휘하게 하면서 문제 풀이를 어렵게 한다. 따라서 진행자의 말에 집중하면서 문제의 의미를 파악하고 답을 제시하도록 한다.

■ 놀이 규칙
1. 어떤 단어나 사람의 이름을 예로 들며 몇 개인지 물어 본다. "임태경은 두 개 있고, 김민지는 하나 있습니다." (받침, 즉 종성의 숫자다.) "개는 없고, 고양이는 하나 있습니다." 이런 식으로 문제를 내면 되는데, 반 친구의 이름으로 해야 학생들의 상상력을 확장시킬 수 있다.
2. 쉽게 맞히지 못하는 경우, 교사는 단어 안에 답이 있다고 힌트를 줄 수 있으며, 명제를 잘 생각해 보라고 언급을 하면 생각보다 빨리 정답을 맞힌다. 사람 이름으로 했을 경우, "여자친구요!", "점이요!"와 같은 답이 이어지면서 웃음이 터져 나오기도 한다. 유명인의 이름으로 문제를 내도 재밌다. "송혜교는 하나인데, 송중기는 둘이다.", 이런 식으로.

이 놀이를 시작할 때는 "자, 지금부터 굳어진 머리를 유연하게 풀어 줄 문제를 내도록 하겠습니다. 고정관념에서 자유로운 사람이 그렇지 않은 사람보다 먼저 답을 맞힐 수 있을 겁니다."라는 말로 시작하여 궁금증을 유발한다. 엉뚱한 대답이 속출하겠지만 답을 맞히는 과정 속에서 사고의 유연성을 기를 수 있다. 아이들이 답을 맞힌 후 교사가 마무리하는 말로 "우리는 흔히 어떤 사람에게 무엇이 있다고 하면 그 사람이 무엇을 소유하고 있냐는 의미로만 해석하지요? 조금만 시선을 바꾸거나 굳어 있는 사고를 열어 주면 의외로 쉽고 재밌는 답을 얻을 수 있답니다."라고 일깨워 주는 것만으로도 고정관념에 대해 한 번쯤 생각할 수 있는 기회를 준 것이다.

(2) 살았을까요? 죽었을까요?(과거는 현재를 지배한다)

이 놀이는 개구리가 팔짝팔짝 뛰는 것을 손바닥 위의 손가락으로 흉내 내다 나중에 '팔짝' 하고 뛰었는데 죽었을까요? 살았을까요? 하고 묻는 것에 답이 숨겨 있다. '과거는 현재를 지배한다.'는 명제가 힌트이며, 먼저 물었던 것 속에 답이 있다. 즉 살았냐를 먼저 물으면 살았고, 죽었냐를 먼저 물으면 죽었다가 답이다. 결국 질문의 어디에 초점을 맞추느냐에 따라 맞힐 수도 있지만 초점을 다른 곳에 두면 도무지 말이 되지 않는 엉뚱한 문제이기도 하다.

■ 놀이 규칙
1. 교사가 자신의 왼손 바닥에 오른손의 손가락을 모아 개구리가 팔짝팔짝 뛰는 모양을 흉내 내며 "옛날에 개구리 한 마리가 살고 있었어요. 어느 날 개구리가 팔짝팔짝 뛰다가 다리 아래로 떨어졌어요. 죽었을까요? 살았을까요?"라고 묻는다. 이때 답은 '죽었다.'다.
2. 매번 순서는 똑같이 하지만 '팔짝팔짝'의 반복 횟수와 "죽었을까요?와 살았을까요?"의 순서를 바꾸어 질문한다.

이 놀이의 핵심은 교사(진행자)가 '팔짝팔짝'을 느리게도 하고 빠르게도 하면서 학생들이 '팔짝'에 관심을 기울이도록 하는 것이다. 학생들 대부분은 이 질문의 답을 아는 순간 아우성을 친다. 그렇지만 다음과 같은 말, "여러분은 숫자처럼 명확한 수치나 목소리, 표정같이 눈에 잘 띄고 겉으로 드러나 있는 것만 관심을 두죠? 진실이나 본질은 맨 마지막, 눈에 잘 띄지 않는 곳에 숨겨져 있을 수도 있음을 생각해야 합니다."라고 얘기해 주면 보이지 않는 작은 것에 대해서도 생각해야 한다는 것을 느끼게 된다.

(3) '얼음이 녹으면 ○○○다'

'얼음이 녹으면 물이 된다.'는 사실에, 사실 부분을 상상력으로 채우는 놀이다. 그리고 그 상상력의 공간을 논리로 설명하도록 한다. 상상력과 논리성이 다 필요한 놀이다. '얼음이 녹으면 봄이 된다.', '얼음이 녹으면 마시면 된다.', '얼음이 녹으면 다시 얼리면 된다.', '얼음이 녹으면 인류가 멸망한다(빙하가 녹아 해수면이 상승하여 대륙이 사라지므로).' 등 무궁무진한 상상력과 창의력이 발휘된 답이 나온다. 어떤 답이 나오든 상관없다. 그렇게 나온 문장을 논리적으로 설명하면 된다. 아이들의 기발한 상상력과 논리를 만날 수 있다.

■ 놀이 규칙

1. 교사가 칠판에 '얼음이 녹으면 _____다'라고 쓴다. 밑줄 친 곳에 들어갈

수 있는 단어를 있는 대로 말해 보도록 한다.
2. 정답은 없다. 논리적으로 설명을 하면 된다.

학생들과 이런 놀이를 하면서 새삼 깨닫게 된 것이 있다. 공부를 잘 하는 게 능사는 아니라는 것이다. 공부를 잘하면 상상력이나 창의력도 뛰어날 것이라 생각하기 쉬운데 그렇지 않다. 이런 놀이에서 빛을 발하는 아이는 대개 공부를 잘하지 못하는 아이들이다. '학습이 자유로운 사고를 막는 가장 큰 장애물이다'라는 말처럼 공부 잘하는 아이들은 이런 놀이에서는 대부분 부진아가 돼 버린다.

(4) '이 점이 무엇으로 보입니까?'

'●'와 같은 점도 바라보는 시각(관점)이나 사고방식, 경험에 따라 매우 다르게 보일 수 있음을 친구들의 생각을 통해 확인할 수 있는 놀이다. 실제로 이 놀이를 해 보면 다양한 경험 속에서 다양한 생각이 나온다는 것을 알 수 있다. 예를 들어 '먹물이 튄 것'으로 보인다는 아이는 서예학원을 다니고 있었고, '넥타이 무늬'라고 답한 아이는 아빠의 넥타이를 매 준 경험이 있었다. '음표'라고 말한 아이는 악기를 배우고 있었다. 이 놀이를 진행하면서 나 역시 다양한 경험이 사고의 폭을 넓히는 데 도움이 될 수 있음을 배우게 됐다.

1. 칠판에 점(●)을 하나 그린 후 이것이 무엇으로 보이는지 생각나는 대로 이야기해 보자고 한다.
2. 토끼똥, 폭탄, 사람 머리, 공 등 다양한 답이 나오면, 친구들의 다양한 생각에 대해 느낀 점을 말해 보게 해도 좋다.

인간의 사고력은 고정관념에서 벗어나 어떤 사물이나 현상의 본질을 찾기 위한 노력에서 출발하는 것이다. 어떤 새로운 사고나 가치를 창조하는 창의력과 상상력도 이런 사고력에서 발휘된다. '이 점이 무엇으로 보입니까?'는 특히 그런 창의력을 엿볼 수 있는 놀이다.

그런데 이 놀이에서 반짝이는 창의력을 발휘하는 아이들은 평소 공부를 뛰어나게 잘하는 아이들이 아닌 경우가 많다. 새로운 보석들을 발견할 수 있는 시간으로, 이때 발견한 보석들은 자신들의 창의력에 스스로 만족해한다.

※ 모둠을 자연스럽게 구성하는 방법

1. 책상 배열을 흐트러뜨리지 않고 가장 편하게 만들기 위해서는 앉은 자리에서 4명씩을 한 모둠으로 만들면 된다. 앞의 두 사람이 뒤돌아 앉으면 준비 끝!

2. 재미난 색지로 모둠을 만드는 방법도 있다. 모둠 수만큼 다른 색지를 준비한 후, 아무런 설명 없이 마음에 드는 색을 선택하게 하고 다 선택한 후 같은 색끼리 모여 모둠을 만든다.

3. '도레미파솔라시도' 음계로 모둠을 만드는 방법도 있다. 무

작위로 하거나 앉아 있는 순서대로 '도레미파솔라시도'의 음을 하나씩 부르게 한다. 나중에 자기 음계를 소리 내면서 돌아다니며 같은 음을 찾아 모둠을 만드는 방법이다.

2장

지식과 정보를
상호적으로 사용하는 능력

다른 사람과 협력하기 위해서는 자신이 알고 있는 지식과 정보를 필요한 상황에서 내놓을 수 있어야 한다. 그 필요한 상황이 어떤 상황인지 아는 것도 중요하며, 자신이 가진 지식과 정보의 질도 고려해야 한다. 이 장에서는 다른 사람과 협력하는 상황에서 자신이 알고 있는 지식과 정보를 공유하면서 과제를 해결하는 놀이를 소개한다. 놀이란 혼자서는 불가능하다. 다른 사람과 함께 할 때에야 비로소 할 수 있다. 놀이는 상호적인 활동이며, 놀이하는 과정에서 다양한 상황에 맞게 놀이가 지속될 수 있도록 타인과 교류하고 협력하는 가운데 자신의 지식과 정보가 적절하게 사용된다. 그러면서 혼자일 때는 할 수 없었던 것들이 해결된다. 그것이 놀이가 가진 또 다른 매력이다.

1. 말 잇기 놀이

말 잇기 놀이는 가장 흔히 알려진 놀이로 대표적인 것이 끝말 잇기다. 여기서는 이 놀이를 수업 시간에 사용할 수 있도록 변형한 놀이를 소개하겠다. 여러 과목을 공부하다 보면 상위개념이 있고 그 밑에 하위개념이 있으며, 하위개념에 해당하는 사물(사항)들이 있다. 그런 것들을 체계적으로 알게 하는 놀이를 소개한다.

(1) 어조목 놀이

이 놀이는 상위개념에 포함되는 하위개념을 찾아 순발력 있게 말해야 하는 놀이로, 자투리 시간이나 상·하위개념을 설명할 때 활용하면 좋다. '어'는 물고기 종류, '조'는 새의 종류, '목'은 나무 종류를 제시해야 한다. 영어 시간에 사용한다면 '어조목' 대신 '명동형'으로 바꾸어 '명'에는 명사에 속하는 단어, '동'에는 동사에 속하는 단어, '형'에는 형용사에 속하는 단어를 제시하도록 변형하여 쓰면 좋다.

■ 놀이 규칙
1. 모둠별(반 전체)로 둥글게 앉는다.
2. 대표 1명이 참가자들 사이를 돌아다니며 "어조목, 어조목" 하고 외치다 참가자 중 한 사람을 지적해 어조목 중 하나를 제시한다.

3. "어" 하는 소리와 함께 지적당한 사람은 3초 이내에 붕어나 잉어와 같은 물고기 이름을 말한다.
4. "조" 했을 때 물고기나 나무 이름을 말하면 벌칙을 내린다.
5. '어조목' 대신 수업 내용과 관련된 주제어를 가지고 응용해도 된다.

이 놀이를 수업 내용을 정리하거나 복습하는 용도로 활용할 때는 미리 충분한 학습이나 준비 과정이 있는 것이 좋다. 자칫 재미보다는 긴장감이나 실패감을 줄 수 있기 때문이다. 또 교사 대신 학생들이 진행한다면 좀 더 편안함을 줄 수 있다.

지목하는 방법을 달리 해도 좋다. 한 사람이 돌아다니며 지목하는 대신 공을 던지면서 대답할 사람을 정할 수 있다. 선생님이 먼저 "어조목, 어조목"을 반복하면서 공을 들고 돌아다니다 "목" 하면서 한 학생에게 공을 던진다. 그러면 공을 받은 학생이 "소나무"라고 외친 후 자신도 "어조목, 어조목" 하다 다른 학생을 향해 공을 던지며 "조"라고 외치는 방식이다.

(2) 시장에 가면

이 놀이 역시 '어조목 놀이'와 함께 상위개념과 하위개념을 관련짓는 놀이다. '시장에 가면' 무엇이 있는지 시장 안에 존재할 수 있는 사물들을 제시하도록 하는 놀이다. 시장 대신 '건축'이라는 단어로 바꾸면 건축 단원 속에 나오는 단어들을 대는 것으로 응용할 수 있다.

1. 다 같이 "시장에 가면"이라는 후렴을 가락에 맞춰 부르면 처음 시작하는 사람이 "사람들이 있다"라고 말한다.
2. 다시 다 같이 "시장에 가면"을 부르면 두 번째 사람이 "사람들이 있고 번데기가 있다."고 말한다. 이런 식으로 앞서 말한 사람들의 대답에 덧붙여 계속 말을 이어 나가야 한다.

■ 유의 사항

실제 시장에 가면 있는 것들을 말해야 하고, 박자에 못 맞추거나 시간 내에 말하지 못하면 벌칙을 받는다. 또 순서를 바꾸는 사람도 벌칙을 받는다. '시장에 가면' 대신 수업 내용으로 응용할 수 있는데, 예를 들면 식생활 단원을 수업한 후 '식생활에 보면'(다 같이) '비타민이 있다', '식생활에 보면'(다 같이), '비타민이 있고, 칼슘이 있다.', '식생활에 보면'(다 같이), '비타민이 있고, 칼슘이 있고, 철이 있다.'로 바꿀 수 있다.

　말 잇기 놀이의 하나인 '시장에 가면'은 '시장'이란 구체적인 장소를 정해서 거기에 있는 모든 것을 말하는 것이면서, 앞사람이 말한 것을 이어 받아 자신이 것을 덧붙이는 놀이다. 따라서 시장이란 공간에 대해 구체적으로 알고 있어야 하며, 앞사람이 한 말도 기억해야 한다. 한마디로 경청을 잘 해야 이길 수 있는 놀이다. '시장'과 같은 구체적인 장소를 교과목의 어떤 단원으로 대체하면, 그 단원에 나오는 중요한 개념부터 소소한 단어들까지 모두 나올 수 있으므로 놀이를 하다 보면 머릿속으로 단원 전체를 마인드맵처럼 그리면서 이해할 수 있다.

(3) 끝말잇기

■ 놀이 규칙

1. 이 놀이의 규칙은 대부분의 사람이 알고 있다. 예를 들면, 얼음 → 음치 → 치약 → 약국 등 앞에 나온 단어의 끝말을 계속해서 이어 가는 것이다.
2. 모둠별 대항 형식으로 '명사로만 끝말잇기', '동사로만 끝말잇기' 등을 할 수 있다.
3. 같은 방법으로 '감정을 표현하는 단어 잇기', '민요 제목 잇기' 등 교과목에 따라 교사가 원하는 항목을 그 즉시 실시할 수 있다. 간단한 놀이 방법에 비해 효과는 꽤 크다.

이 놀이가 수업의 주제로 들어가면 효과는 말할 수 없이 커진다. 그러나 한편으로 국어 수업에서 품사의 종류를 익히는 방법으로 응용되면 대단히 어려운 문제가 된다.

따라서 교사는 학생들이 모둠별로 힘을 모아 문제를 해결할 수 있게 진행을 해야 한다. 특히 문제가 어려울수록 놀이를 시작하면 금방 끝나 버리기 때문에, 모둠을 만들게 한 후 10분 정도 시간을 주고 요구하는 것에 대한 대답들을 모둠에서 함께 찾아내도록 한다. 그렇게 준비가 된 후 하면 놀이가 일정 시간 이어진다. 이런 놀이를 통해 아이들은 어려운 개념을 보다 수월하게 익히고 이해하게 된다.

2. 연상 놀이

연상 놀이는 단어를 듣고 떠오르는 단어를 말하는 놀이다. 다른 사람에게 전달받은 단어를 듣고 자신의 머릿속에 떠오르는 단어를 옆(뒤) 사람에게 전달하고 또 그 옆(뒤) 사람에게 전달해 여러 사람의 연상력이 쭉 이어지는 속에서 재미를 느끼게 된다.

이 놀이는 글쓰기를 할 때 소재를 찾는 방법으로 이용할 수 있다. 또한 단순히 타인의 생각을 엿보는 놀이로도 활용할 수 있는데, 이 놀이를 하면서 창의력이 있는 사람과 그렇지 않은 사람의 차이를 알 수 있다.

생각하는 것을 싫어하는 학생들은 이 놀이를 하면서 생각의 중요성을 깨닫게 되고, 다른 사람의 상상력을 통해 자신의 빈약한 상상력을 깨닫게 된다. 또 다른 친구들의 연상 과정을 지켜보며 연상의 법칙을 깨치게도 된다.

(1) 귓속말 이어 가기 놀이

해가 갈수록 아이들에게서 연상력과 상상력이 줄어드는 것을 느낀다. 예를 들어 '소풍' 하면 '김밥', '소풍' 그리고 또 '김밥'으로 끝나는 경우가 많기 때문이다. 간혹 엉뚱한 대답으로 재미를 주는 아이도 있지만, 보통은 첫 제시 단어의 의미 범주에서 크게 벗어나지 못한다. 그래도 이 놀이를 하면 대부분 아이들이 재미있어 한다.

■ 놀이 규칙

1. 10명 안팎이 해야 연상의 과정이 잘 드러나기 때문에 교실에서는 분단을 나누어 진행한다.
2. 교사는 똑같은 단어를 분단의 맨 앞사람에게 귓속말로 전달한다. 이렇게 진행하면 시차가 생겨 혼란스러워질 수도 있기 때문에 각 분단의 맨 앞사람을 불러내서 종이에 쓴 단어를 동시에 보여 주어도 좋다.
3. 맨 앞사람은 단어를 듣고 순간적으로 떠오르는 단어를(주로 명사지만 형용사, 동사도 가능) 뒷사람에게 귓속말로 전달한다. 이때 주고받은 단어는 둘만의 비밀이다. 맨 앞사람도 교사에게 제시받은 단어를 아무에게도 말하면 안 된다.
4. 맨 뒷사람까지 전달이 끝나면, 마지막 사람이 자신이 연상한 단어(앞사람에게 들은 것이 아니라 반드시 자신이 연상한 단어)를 칠판(교사가 미리 분단별로 칸을 나누어 놓는다)에 적고 들어간다.
5. 교사가 분단별로 연상의 과정을 거슬러 올라간다. 1분단 맨 뒷사람에게 칠판에 적은 단어는 앞사람의 어떤 단어를 듣고 연상한 것인지 묻는다. 이렇게 그 앞사람, 앞사람에 앞사람이 하나씩 검토해 가면서 교사가 제시한 단어가 무엇이었을까 맞혀 본다. 못 맞히면 교사가 제시한 단어를 발표하지 않고 2분단으로 넘어가며, 같은 단어로 시작했는데도 각 줄의 결과가 어떻게 다른지 비교한다.
6. 검토하는 과정에서 중간에 한 사람을 비워 두고 그 사람이 어떤 단어를 연상했는지 맞히는 놀이를 하면 더욱 재미있다. 예를 들어 '빨간색 → 장미 → 가시 → (   ) → 휴전선 → 통일'이라고 했다면 과연 중간에서는 뭐라고 했을까?

■ 유의 사항

이 놀이는 한 번만 하면 놀이의 진정한 재미를 느낄 수 없으며, 상상력에 대해 깊게 생각할 수 없다. 각 분단에서 연상한 단어들을 칠판에 적어 놓고 학생들과 함께 평가한 후 다시 이 놀이를 하면 제법 그럴듯한 연상이 나온다.

아이들은 간간이 엉뚱한 연상으로 재미를 준 학생을 놀리면서도 은근히 부러워하며, 뻔한 연상 과정에서는 실소를 보낸다. 또 중간에 '( )' 치기를 해서 맞히는 퀴즈를 내면 오히려 평소에 수업에 흥미 없어 하던 아이들이 잘 맞힌다. 이 놀이를 하면서 특히 '고정관념을 없애는 데 가장 큰 방해 요소는 학습이다'라는 말을 실감했다. 학습을 많이 강요당한 아이들일수록 정답만을 찾아 생각하는 좁은 사고방식의 틀에 갇혀 있음을 발견할 수 있기 때문이다. 이 놀이를 마치며 아이들에게 이런 풀이를 해 주면 모두 고개를 끄덕끄덕한다.

1. 연상력이 부족한 분단

예) 온난화 → 사막 → 낙타 → 사막 → 낙타 → 오아시스 → 야자수 → 바나나 → 원숭이

2. 연상력이 풍부한 분단

예) 온난화 → 수질 → (보호) → 밥 → 윤석현 → 물건 → 거시기 → 사투리 → 연변

'수질' 다음에 나온 '보호'를 숨기고 ( )를 친 다음 아이들에게 어떤 단어가 들어갔을 것 같으냐고 물어 보면 맞히기 어려워할 것이다. 이런 경우 '수질'에서 '밥'이 나오기까지 여러 가지 맥락을 유추해 보아야 한다. 이 문제는 아이들이 결국 못 맞혔는데, '보호'에서 '밥'을 연상해 낸 학생에게 이유를 물었더니, "몸을 보호하려면 밥이 최고다."라고 대답해 반 아이들이 모두 웃었다. 그리고 윤석현은 그 반 친구 이름이다. 아마도 밥과 관련해 재미있

는 사건이 있었던 모양이다.

(2) 한 글자 공통점 찾기 놀이

이 놀이는 공통점을 지닌 단어들 가운데 같은 위치에 있는 글자들만 뽑아내 제시하고, 그 글자들이 지닌 공통점을 찾게 하는 놀이다. 글자를 보는 동안 머릿속에서 온갖 단어가 연상되고 그 속에서 낱말들이 지닌 연관성을 찾게 된다. 특히 상위개념에 속하는 하위개념을 정리할 때나 단원 정리할 때 유용하게 쓰인다.

■ 놀이 규칙
1. 교사는 먼저 공통점을 지닌 단어를 추출한다. 다음과 같은 것들을 참조해도 된다.
   형, 동, 명, 대, 조…(품사에서 첫 음절을 따온 것. 형용사, 동사, 명사)
   유, 인, 어, 조…(표현법에서 두 번째 음절을 따온 것. 은유법, 의인법, 반어법, 대조법 등)
   청, 경, 전, 광, 나, 충, 제…('주' 자로 끝나는 도시 이름의 첫 음절이다. 청주, 경주, 전주, 광주, 나주 등)
   악, 육, 어, 학, 회, 덕…(교과목명 끝 음절이다. 음악, 체육, 국어, 수학, 사회, 도덕 등)
   중, 삼, 우, 환, 희, 선, 만…(역대 대통령 이름 끝 음절. 김대중, 김영삼, 노태우, 전두환…)
2. 같은 위치에 있는 음절을 칠판에 쓰고 학생들에게 어떤 단어들의 공통점인지 묻는다. 칠판에 한 음절씩 적으면서 맞히게 해도 된다.

이 놀이는 학생들에게 다양한 상상력을 키워 줄 수 있는 기회가 된다. 처음에는 어렵게 맞히지만 자꾸 하다 보면 바로 맞히고, 그럴싸한 문제를 만들어 와서 교사에게 맞혀 보라고 하기도 한다. 그런 과정을 통해 아이들은 다양한 것에 대해 깊게 생각하고 공통점을 찾는 연습을 하게 된다.

(3) 한 글자 동물 이름 찾기 놀이

한 글자 공통점 찾기 놀이는 아니지만 잠시 쉬어 가는 놀이로 추천한다. 공부만 하면 너무 지루하지 않은가. 이럴 때 쉬어 가는 놀이로 혹은 한 글자 공통점 찾기 놀이 전 머리를 풀어 주는 의미로 한 글자 동물 이름 찾기를 한 후 본격적인 놀이로 들어가면 더욱 재미있게 할 수 있다.

■ 놀이 규칙
1. 분단 대항 놀이로 한다(모둠 대항으로도 가능).
2. 동물 이름 가운데 한 글자로 된 것을 찾아 말하는데, 하나씩 부르게 해 가장 나중에까지 말한 분단이 이긴다.

이 놀이는 생물 시간에 하면 좋지 않을까 한다. 평소에 시간이 남거나, 자투리 시간이 남을 때 해도 재미있다. 의외로 아이들은 우리 주변에 게, 개, 닭, 꿩, 학, 말, 범, 뱀, 쥐, 벌, 곰, 돔, 이, 용(?) 등 한 글자로 된 동물이 생각보다 많다는 사실에 놀라워한다. 창의적인 학생들의 경우 한 글자로 된 식물이나 사물 이름 등을 찾아보자고 교사에게 제안하기도 한다.

3. 차이를 발견하는 놀이

(1) '있고, 없고' 놀이

진행자가 제시하는 두 단어 중 '있고, 없는' 차이를 발견하는 놀이다. 진행자가 말하는 방식은 다음과 같다. "○○에는 있고 ○○에는 없어요." 단어의 의미를 파악해 실제 있고 없는 개념을 찾아낼 수 있는 문제도 있고, 단어 속에 숨겨진 음절들이 지닌 공통점을 찾아낼 수 있는 문제도 있다. 후자는 말놀이나 재담과 관련이 있다. 집중력 있게 문제를 듣고 공통점을 추출해 낼 수 있는 집중력과 분석력이 필요한 놀이라고 할 수 있다. 정답을 말하기보다는 진행자와 함께 문제를 만들어 내는 데 참여하면 창의력과 표현력까지 높일 수 있다.

■ 놀이 규칙

1. 진행자가 다음과 같은 두 부류의 문제를 제시한다.
    ― 단어에 실제 존재하는 것과 없는 것을 구별해 내는 문제: "비행기에는 있고 기차엔 없어요.", "자동차에는 있고 오토바이에는 없어요.", "유모차에는 있고 젖병에는 없어요.", "바이킹에는 있고 자전거에는 없어요." (정답: 안전벨트)
    ― 단어에 들어가 있는 음절에서 공통점 찾아내는 문제: "삼계탕에는 있고

통닭에는 없어요.", "사마귀에게는 있고 방아깨비에게는 없어요.", "오징어에는 있고 문어에겐 없어요." (정답: 숫자와 동음인 음절이 들어가 있는 단어와 그렇지 않은 단어)

2. 참가자들은 진행자가 내는 문제를 차례로 들으면서 정답을 자연스럽게 외치면 된다.
3. 정답을 말하지 않고 진행자와 함께 문제를 만들어 제시하도록 하면 더욱 흥미진진해질 수 있다.

■ 유의 사항

문제를 잘 설명해야 참여자들이 혼란을 일으키지 않는다. 문제를 잘 이해하지 못하거나 집중하지 못하는 학생들까지 아우르는 진행 방법이 필요하다.

이 놀이를 시작할 때 흥미를 유발하기 위해 받침이 있고 없고의 차이를 발견하는 단어 중 '남자'와 '여자'의 예를 드는 경우가 있다. "남자에겐 있고 여자에겐 없다."라는 문제로 시작하면 시기이다 보니 무궁무진한 상상력을 발휘한다. 성적 호기심이 충만한 아이들에게 이보다 더 재미난 생각거리는 없을 것 같다. 이렇게 시작해 아이들이 주거니 받거니 여성과 남성의 차이를 논하다 다음 제시 문장으로 넘어가면 또 다른 생각의 장이 펼쳐진다. "선생님에게는 있고 교사한테는 없어요."라는 문제에 "유레카!"를 외치는 친구는 아마도 세상을 다 얻은 듯한 기분을 누리지 않을까. 방법을 알게 되면 학생들 스스로 문제를 내보겠다고 나서기도 한다. 이 또한 교사에게는 가르침의 뿌듯함을 만끽하는 순간이기도 하다.

(2) 사물의 용도 말하기 놀이

이 놀이는 사물이 가진 용도 외에 그 사물로 할 수 있는 일들을 생각하고 말하게 하는 놀이다. 특히 다양한 관점에서 사물을 보는 연습을 효과적으로 할 수 있다. 학생들은 어떻게 생각하느냐에 따라 한 가지 사물이 수백 가지 용도로 쓰일 수 있다는 사실에 깜짝 놀란다. 실제로 실생활에서 그렇게 사용되는 것을 본 적이 있다면 더욱 놀란다. 아이들은 이 놀이를 하면서 생각의 중요성을 절감한다. 또한 자신이 전혀 생각하지 못했던 용도를 친구들이 생각해 낸 것에 놀라워하고 감탄한다.

> ■ 놀이 규칙
> 1. 분단 대항 놀이다(모둠별로 해도 된다).
> 2. 주변의 사물 중 하나를 정한다.
> 3. 그 사물의 원래 용도 외에 할 수 있는 일을 각 분단이 모여 의논한 후 공책에 적어 둔다.
> 4. 각 분단이 차례대로 사물의 용도를 이야기한다. 다른 분단이 했던 이야기를 하거나 다른 용도를 못 대면 탈락하며, 마지막까지 남은 분단이 승리한다.

이쑤시개의 용도를 말하는 놀이를 한 적이 있다. 찰흙 공예 → 귀를 판다 → 수지침 대용 → 메모 꽂이 대용 → 붙여서 미술 작품 만들기 → 액자 만들기 → 좁은 틈 사이 물건 꺼내기 → 창틀 먼지 제거 → 과일 찍어 먹기 → 젓가락 대용 → 여러 개를 묶어 지압봉으로 쓰기 등등, 이렇게 하여 100가지도 넘는 이쑤시개의 용도를 발견했다. 학생들 역시 이 놀이를 하는 과정에서 자신들의 참신한 생각에 스스로 놀라워했다.

(3) 사물의 용도 말하기 변형 놀이

1) 막대기, 신문지로 할 수 있는 것 몸으로 표현하기

■ 놀이 규칙

1. 사물의 용도 말하기 놀이와 같은 방식인데, 말로 하지 않고 몸으로 사물의 용도를 표현한다. 막대기로 지휘봉처럼 휘젓는 몸짓을 통해 막대기 용도를 설명하는 것이다. 막대기 2개로 스키를 타거나 노를 젓거나 젓가락질하거나 쓰레기를 줍거나 하는 몸짓을 할 수 있다. 신문지의 용도로는 이불처럼 덮는 시늉을 하거나 뭉쳐서 방망이를 만들어 휘두르거나 한다.

사물의 용도를 말로 하지 않고 몸으로 표현하다 보면 창의적인 생각하기와 표현하기가 동시에 이루어진다. 이 놀이는 사물의 용도에 대해 창의적으로 생각하는 것과 그것을 남들이 알 수 있도록 몸으로 표현해야 하기에 연극놀이의 요소도 있다. 표현하는 것도 재미있지만, 그 표현을 보고 무엇을 말하는지 알아맞히는 것은 더 재미있다.

2) '노랗고 먹을 수 있을 것', '까맣고 딱딱한 것', '빨갛고 먹을 수 있는 것' 말하기

■ 놀이 규칙

1. 교사가 먼저 사물의 용도 대신 위와 같은 문제를 제시한다.

2. 모둠별로 조건에 맞는 사물들을 무제한 찾아보게 한다. 제한 시간이 끝나면 모둠별로 돌아가며 해당하는 사물을 이야기한다.
3. 진행자가 모둠이 이야기한 것들을 칠판에 정리한다.

　이 놀이에서도 사물의 용도만큼이나 놀라운 대답이 많이 나온다. 이 수업을 한 후 학생들은 평소 아무 생각 없이 먹던 밥반찬이 전부 새롭게 보였으며, 자세히 관찰한 결과 '빨갛고 먹을 수 있는 것' 혹은 '노랗고 먹을 수 있는 것'이 예상보다 훨씬 많았다고 반응했다.

　학생들이 분단별로 의논해서 나오는 대답이 보통 100가지가 넘기 때문에, 1차시 수업으로는 시간이 모자라 매번 다음 시간까지 더하자고 조르는 아이들을 달래야만 했다.

4. 이어서 표현하는 놀이

(1) 그림 이어 그리기 놀이

　그림 이어 그리기 놀이는 한 사람씩 칠판 앞으로 나와서 다른 사람이 그린 그림에 이어 자신의 그림을 그리는 놀이다. 그림을 이어서 그려도 되고, 선이나 곡선 등 추상적인 그림을 그려도 된다. 처음 시작한 사람부터 마지막 사람까지 다 그렸으면 모두 의논하여 그림에 제목을 붙이면 된다.

이 놀이는 창의적인 표현에 대해 가르치고 싶을 때 하면 좋다. 특히 글쓰기 수업에서 제목이 글에서 갖는 비중과 의미를 이 놀이를 통해 깨닫게 할 수 있다. 아주 보잘것없는 그림이 제목에 따라 대단한 추상화로 변하는 과정을 눈앞에서 지켜볼 수 있기 때문이다.

■ 놀이 규칙

1. 교사가 칠판을 4면으로 나누고 각 면에 분필 한 자루씩 둔다.
2. 각 분단에서 차례대로 앞으로 나와 칠판에 그림을 그린다. 이때 처음 시작하는 사람이 깨끗한 면에서 시작할 수도 있지만, 교사가 먼저 선이나 동그라미 등을 그린 후 이어서 그리게 해도 된다.
3. 그림이 완성되면 분단끼리 의논해 제목을 정하도록 한다.
4. 제목을 정했으면 칠판에 쓴다.
5. 각 분단 대표가 나와 그림과 제목에 대해 설명한다.

■ 유의 사항

이 놀이를 할 때는 다른 사람이 그린 그림을 지우지 않고 자신이 그릴 것만 덧그려야 한다.

〈그림5〉처럼 별볼일없던 그림에 멋진 제목을 붙여 의미를 부여하면 신기하게도 훌륭한 추상화가 된다. 이 활동을 통해 창의적인 생각으로 작품에 얼마나 훌륭한 의미 부여를 할 수 있는지 몸으로 느끼게 해 준다.

〈그림1〉 그림 이어 그리기 시작 장면. 교사가 선 하나씩 그은 상태에서 시작하기도 한다.

〈그림2〉 각 분단에서 한 명씩 나와 그림을 이어 그린다.

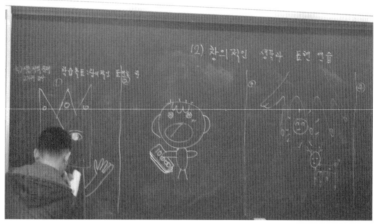

〈그림3〉 마지막 사람까지 그림을 다 그리고 제목을 붙인다. 붙인 제목에 따라 멋진 추상화
가 되기도 하고, 그저 그런 낙서화가 되기도 한다.

〈그림4〉 제목 〈사치 속의 허전함〉

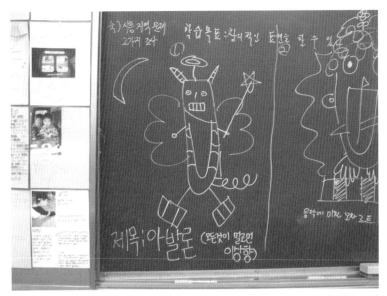

〈그림5〉 이상한 그림이지만 '아발론(모든 것이 멀고 먼 이상향)'이라고 제목을 붙여 놓으니 근사한 추상화가 되었다.

(2) 단어 만들기 놀이

이 놀이는 프레네 학교에서 하는 '자유 글쓰기'의 한 방법이다. 모둠별로 앉아 돌아가며 생각나는 단어를 무작위로 말한 후 첫음절만 모아서 새로운 단어를 만드는 놀이다. 말소리에서 느껴지는 이미지나 직감으로 그 단어에 의미를 부여하는 활동이다. 아이들의 무한한 상상력을 자극하는 말놀이인데, 말의 창조 과정을 체험함으로써 말의 탄생 과정이나 어원, 말에 영향을 끼치는 사회, 문화적 맥락에 대한 관심을 갖게 하는 놀이라고 할 수 있다. 아울러 글을 쓰는 것이 재미있는 활동임을 느끼게 해 준다.

■ 놀이 규칙

1. 생각나는 단어를 무작위로 말하게 한다.
2. 말한 단어 중 첫 음절만 따서 3음절 혹은 4음절을 만든다.
3. 만들어진 3음절 혹은 4음절의 말을 단어라 가정하고 그 단어에 뜻을 부여한다. 이 과정에서 상상력이 동원된다.
4. 뜻이 부여되면 그 말을 넣어 짧은 글짓기를 한다.

■ 유의 사항

학생들에게 활동을 하도록 할 때 그냥 하라고 하는 것보다는 일정한 상황을 제시하고 활동하도록 하면 자연스럽게 상상력을 이끌어 낼 수 있다. 예를 들면, 자신을 사전을 만드는 편찬자라고 생각하고 단어의 뜻과 갈래를 정하도록 한다. 뜻이 정해졌으면 사전처럼 예문도 만들어 보도록 한다. 단어의 갈래를 잘 모르거나 예문을 만들지 못한 경우에는 함께 정하고 만든다.

다음의 예시는 이 놀이를 통해 수업 시간에 실제 만들어진 단어와 그 단어를 넣어 짧게 글짓기를 한 것이다.

만든 단어 : 함에편

만든 방법 : 함박눈, 에메랄드, 편지의 첫 음절로 구성한 단어

(1모둠이 만든 뜻과 예문) 1. 어떤 행동이나 말로써 타인에게 편안함을 주는 것

  예문: 너는 참 함에편한 사람이구나.

(2모둠이 만든 뜻과 예문) 2. 편하다의 사투리

  예문: 누우니까 함에편.

(3모둠이 만든 뜻과 예문) 3. '~을 하는 것이 편하다.'를 줄인 말

  예문: 사람의 마음을 사로잡으니 말 함에편.

만든 단어 : 해이눈

만든 방법 : 해, 이모, 눈발의 첫 음절로 구성한 단어

(1모둠이 만든 뜻과 예문) 1. 안녕

　　　예문 : 길 가다 쌓인 눈을 보며 '해이눈'

(2 모둠이 만든 뜻과 예문) 2. 해 맑은 사람의 눈물

　　　예문 : 해이눈을 보는 건 슬픈 일이다.

(3모둠이 만든 뜻과 예문) 3. 렌즈를 껴서 눈이 해맑게 보임.

　　　예문 : 쟤는 해이눈이다.

(4모둠이 만든 뜻과 예문) 4. 눈에 해가 비쳐 있는 것

　　　예문 : 저 해이눈을 보렴. 해이눈이 정말 아름답지?

(5모둠이 만든 뜻과 예문) 5. 이슬처럼 살살 내리는 눈

　　　예문 : 해이눈을 맞으며 이모 댁으로 심부름을 갔다.

　　　　　어제 저녁에 해이눈이 내렸다.

　　　　　해이눈이 내리면 예쁘다.

　그냥 생각나는 단어를 말하라고 해도 아이들은 보통 수업과 관련된 단어를 말하고, 그 단어들의 첫음절로 새로운 단어를 만들어 낸다. 만들어 낸 단어에 새로운 뜻을 부여하고, 그 뜻으로 만든 단어를 사용하면서 아이들은 언어를 주무르고 놀게 된다. 언어는 사고 작용의 도구이므로, 이런 활동은 사고력을 키우는 데도 도움이 된다.

(3) 가정 결과 놀이

　가정 결과 놀이는 한 학급을 네 분단으로 나누고 각 분단별로 '언제 어디서', '누가와 누구가', '무엇을', '어떻게 했다'를 각각 하나씩 적어 무작위로 발표하는 놀이다. 각각의 다른 사람들이 쓴 어절이 모여 문장을 구성하기 때문에 상식 밖의 문장이 만들어지는 데서 재미를 느끼게 된다.

　말하기나 글쓰기 수업을 할 때, 대부분 학생들은 생각하기 귀찮아 하고 특히 발표하기는 더 싫어한다. 단답형의 답변은 그래도 좀 하는 편이다. 답변이 길어지거나 자신의 생각을 말해야 할 때, 혹은 창작을 해야 하는 경우는 입을 꾹 다물고 앉아서 교사만 멀뚱멀뚱 쳐다보며 '답만 말해 주세요.' 하는 눈빛으로 앉아 있는 것을 많은 교사가 매일 경험하며 답답해한다. 이럴 때 학생들에게 생각하기를 강요하지 않으면서, 우연히 주어진 문장을 받은 후 그다음 생각을 이끌어 내어 말하도록 하는 것이 '가정 결과 놀이'다. 억지로 말하게 하지 않으면서 생각하는 것을 싫어하는 학생들에게 부담 없이 다가간 후 생각하도록 유도한다. 이 놀이를 하면서 학생들은 자연스럽게 생각하는 주체가 되며, 엉뚱한 문장을 논리 있게 정돈하는 친구들의 사고 과정을 지켜보며 재미를 느끼고 나중엔 적극적으로 참여하게 된다.

　■ 놀이 규칙
1. 교사는 A4 용지를 6등분해 교실에 있는 학생 수만큼 만든다. 남는 가정통

신문 등의 이면지를 이용하면 좋다.

2. 학생들에게 1장씩 나누어 준다.

3. 분단별로 교사가 요구하는 어절을 쓰도록 한다. 각 분단의 어절을 이으면 한 문장이 되도록 어절을 만들어야 한다. 예를 들면 '누구와 누구가(1분단), 언제 어디에서(2분단), 무엇을(3분단), 어떻게 했다(4분단)'는 문장이 완성되게 한다.

4. 뒤에서 분단별로 걷은 쪽지를 내용이 안 보이도록 뒤집어 놓은 후 한 분단에서 한 장씩 펴서 한 문장을 만들어 발표한다. 예를 들면 '오궁이와 야녀가(1분단) 학교 화장실에서(2분단) 급식을(3분단) 흔들며 놀았다(4분단).'

5. 문장을 발표한 이후의 놀이로는 여러 가지가 있다.

① 단순히 엉뚱하게 만들어진 문장을 하나씩 발표한다. 이 놀이를 할 땐 '누구와 누구가'를 교실 안에 있는 사람들로 하거나, 자신과 교실 안에 있는 사람으로 하면 놀이의 재미를 더할 수 있다. 엉뚱한 문장 자체가 사람들에게 재미를 준다.

② 만들어진 문장에 들어 있는 사람들이 앞으로 나와 그 문장에 해당하는 상황극을 한다. 예를 들면 오궁이와 야녀가 학교 화장실에서 급식을 흔들며 노는 상황을 몸짓으로 해 보인다.

③ 만들어진 문장에 들어 있는 사람 중 1명이 엉뚱한 문장을 정상적인 문장이 되도록 적당한 이유를 들어 설명한다. 그 사람이 못 하면 교실에 있는 다른 사람이 대신해 주기도 한다.

■ 유의 사항

1. 보통 한 번 설명하고 활동에 들어가면 예문이 잘 안 나오므로 앞에 앉은 학생들을 대상으로 연습을 해 본 후 종이를 나눠 주면 훨씬 활동이 잘 된다. 한 번도 연습하지 않고 가정 결과 놀이만 설명하고 종이를 나눠 줬더니 '어제 학교에서 준영이가 책상이랑 놀았다.' 정도의 예문만 나왔다. 그런데 한번 연습한 후 했더니 '기원전 3세기경 피라미드에서 박명훈이 부시랑 뜨거운 밤을 보냈다.', '호랑이 담배 피던 시절 나이트에서 민현기가 철하랑 쓰레기를 먹었다.'와 같은 재미있는 예문이 나왔다. 그리고 그에 대한 가상의 경험을 이야기로 만들었다.

2. 특히 '누가' 부분에는 교실 안에 있는 인물을 적게 하고, '누구랑'은 아무나

(사람, 사물 등) 적게 한 후 '누가'에 해당하는 학생이 만들어진 예문을 자신의 경험으로 가정하고 그 상황을 만들게 한다.
3. '누가'에 해당하는 학생이 그 상황을 자세하게 이야기로 만들기도 하지만 반 전체가 이야기를 만들면 더욱 짜임새가 좋아진다.

나는 이 놀이를 국어 수업 시간의 '경험한 일 말하기' 단원에서 실제의 경험을 이야기하기 전 마음을 트는 놀이 활동으로 적용해 보았다. 순서를 바꿔서 실제 경험을 이야기해 본 후 심화 활동으로 응용해 보아도 무리가 없을 것 같다. 이 활동은 상상하기, 가상의 상황에 논리성과 개연성 부여하기와 같은 사고 작용이 동반된다.

수학 시간 방정식을 배운 후에도 응용이 가능하다. 예를 들면 '두루미와 학이'(누가) '집에서'(어디에서) '2% 쥬스 200mm를'(무엇을) '5%로 만들었다'(어떻게 했다)와 같은 문장을 모둠에서 만들어 낸 후 재미있는 문제들을 뽑아 식으로 만들고 함께 풀면 유형별 문제를 여러 개 푸는 것보다 학생들의 참여도가 높아질 것이다.

가상의 경험을 다양한 시대 상황에 맞게 제시할 수도 있다. 예를 들어 '고구려가 망할 때 천리장성에서 범영이가 돼지와 빨래를 널면서 춤을 추었다.'는 문장을 제시했는데, 다음과 같은 이야기가 나오기도 했다.

나는 신라의 백성인데 고구려에 노예로 잡혀 왔다. 그래서 돼지우리에서 돼지와 함께 사는 비참한 삶을 살았다. 그런데 고구려가 망한다는 소식이 들려왔다. 그 당시 나는 군인들의 빨래를 널고 있었는데 그 소식을 듣고 빨래를 널면서 춤을 췄다. 돼지가 기뻐서 춤추는 나를 보고 꿀꿀대며 날뛰었는데 그 모습이 마치 함께 기뻐서 춤추는 것처럼 보였다.

'신석기 시대에 공룡의 뱃속에서 세현이가 지현이랑 바람에 날아갔다.'라는 문장을 제시했을 때 가상의 경험을 전하는 경우도 있었다.

타임머신을 타고 신석기로 날아간 내가 바람에 날려 뚝 떨어지는데 하필 공룡이 하품하는 입속에 떨어졌다. 뱃속까지 굴러가게 됐는데 정신 차려 보니 먼저 지현이가 와 있었다. 우리 둘은 어떻게 빠져나갈 것인지 걱정을 하며 뱃속을 이리저리 돌아다녔다. 그 바람에 공룡이 배탈이 났다. 배탈이 나서 공룡이 방귀를 뀌는 바람에 우리는 방귀 가스에 밀려 뱃속을 빠져나올 수 있었다.

(4) 문장 이어 가기 놀이(이야기 이어 가기 놀이)

한 사람이 한 문장씩 말을 하며 이야기를 만드는 놀이다. 반드시 한 문장만 말해야 하는 것은 아니나, 한 사람이 지나치게 많이 개입해 이야기를 끌어가는 것을 막기 위해 한 문장 정도만 말하도록 한다. 분단별로 이야기를 만들면 무리 없이 놀이를 진행할 수 있는데, 주의할 사항은 마지막 사람까지는 이야기가 마무리되어야 한다. 이야기를 만든 후 글 다듬기까지 하면 글쓰기 수업으로 활용할 수 있다.

이 놀이는 글쓰기가 싫다고 아우성을 지르는 아이들에게 놀이를 하며 문장을 만드는 작업에 몰두하게 한다. 문장을 만드는 놀이가 곧 글을 쓰는 작업이며, 놀이에 빠져 글을 한 편 만든 후에는 완벽한 놀이의 완성을 위해 스스로 글을 다듬게 된다. 이런 경험을 한 학생들은 글쓰기에 대해 가졌던 편견을 반성하게 된다. 자연스레 글쓰기에 대한 부정적인 경험도 씻을 수 있다.

이 놀이를 학교 축제 때에도 활용할 수 있는데, 생각보다 재미있는 코너가 된다. '소설 만들기'라는 코너를 마련한 후, 펜과 전지를 준비한다. 축제에 참여한 사람들이 한 문장이나 자신이 쓰고 싶은 말을 판에 적기만 하면 되므로 쉽다. 시작은 준비된 판에 한 문장만 먼저 적어 두면 된다. 예를 들면 전지에 '이 판은 소설 쓰기 코너입니다. 아래 문장을 이어 여러 사람이 소설 한 편 만드는 데 참여하세요.'라고 적은 후 시작 문장을 적어 둔다. 예를 들면 '어느 더운 여름, 난 무척 목이 말랐다.' 그 이후에는 축제 참여자들이 돌아다니다 그 밑에 문장을 이어 적으면서, 어떤 과정을 거쳐 어떤 결말에 이를지 모르는 이야기 한 편이 만들어질 것이다.

- ■ 놀이 규칙
  1. 앞자리에 앉은 학생이 먼저 문장을 만들어서 시작한다. 교사가 먼저 문장을 제시해서 시작할 수도 있다.

2. 뒷사람들이 그 문장을 이어서 이야기를 만든다.
3. 맨 뒷줄까지 문장을 만드는데 마지막 사람은 이야기를 완성해야 한다. 마지막 사람이 못 하는 경우에는 그 분단에서 의논해 두세 문장을 더 만들어서 이야기를 맺을 수 있다.

예를 들면 다음과 같이 문장을 이어 간다.

교사 천 년 전에 나는 풀이었다.
학생1 그때 어디선가 이상한 냄새가 났다.
학생2 주위를 둘러보니 이상한 덩어리가 보였다.

모둠원끼리 협력하여 짤막한 이야기 하나를 만들어 내는 활동이기 때문에 앞사람의 문장을 보고 어떻게 문장을 이어 갈지 고민하면서 쓰다 보면 자연스럽게 문장의 연결 관계를 고려하는 방법을 알게 된다. 또 이야기를 매끄럽게 연결하고 문장을 다듬는 과정을 통해 한 편의 글이 긴밀하게 완성되기 위해서 필요한 통일성, 일관성 등의 요소에 대해서도 알게 된다.

문장을 이어서 이야기를 이어 가다 보면 연결이 부자연스러운 경우가 있다.

학생1 어제 외식을 했다
학생2 레스토랑으로 갔다.
학생3 메뉴판을 보았다.
학생4 자장면이 있었다.
학생5 자장면을 주문했다.
학생6 자장면이 나왔다.

학생7 레스토랑이란 중국집이었다.

  학생7까지 이어서 문장을 만들었는데, 다 만든 후 문장 연결이
부자연스럽다는 것을 함께 인식하고 다음과 같이 자연스럽게 연
결되도록 다듬었다.

  어제 가족이 외식을 했다.
  레스토랑이 있어서 갔다.
  거기서 메뉴판을 보았다.
  그런데 자장면이 있었다.
  그래서 자장면을 주문했다.
  그랬더니 자장면이 나왔다.
  알고 보니 레스토랑이란 중국집이었다.

  처음엔 이야기의 연결이 부자연스러워서 학생들과 함께 의논
하여 고쳐 보니 '그래서, 그런데' 등의 접속어와 '거기서'라는 지시
어가 필요했다. 학생들은 이렇게 문장들을 이야기로 엮어 내면서
이야기를 만들기 위해 필요한 요소가 무엇인지 직접 경험하게 된
다. 내용 연결하여 쓰기 방법에는 시간적인 방법과 공간적인 방
법이 있는데, 교사가 방법을 제시한 후 문장을 먼저 제시해서 활
동하면 된다. 다음은 조금 더 자연스러운 연결로 문장을 다듬은
사례이다.

  어제 어버이날이어서 가족이 외식을 했다.

〈그림6〉 분단별로 나와서 칠판에 이야기를 이어 가는 장면

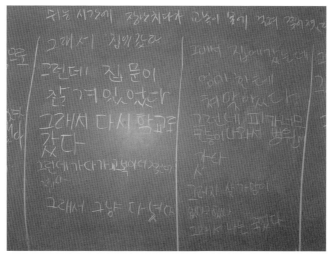

〈그림7〉 같은 문장을 가지고 이야기를 이어 갔는데 분단별로 결과가 판이한 이야기가 만들어졌다.

차를 타고 시내로 나갔는데 '레스토랑'이란 근사한 음식점이 있었다.

거기 들어가 메뉴를 주문하려는데 자장면이 있었다.

너무 이상해서 자장면을 주문했다.

그랬더니 정말 자장면이 나온 게 아닌가!

어리둥절해하면서 그걸 먹으려고 젓가락을 드는 순간 젓가락 싸개에 '레스토랑형 중식점'이라고 쓰여 있었다.

그것을 본 식구들이 모두 깔깔 웃었다. 우리의 의도는 아니었지만, 음식점 덕택에 기억에 남는 어버이날을 보냈다.

위의 예에서 든 글은 실제로 수업 시간에 했던 것을 그대로 적은 것이다. 이야기 만들기부터 글다듬기까지 총 3차시가 소요되었다. 위의 글은 시간적인 순서로 된 것이므로 공간적인 순서로 한 번 더 문장 이어 가기 놀이를 하면 이 단원의 활동은 끝난다.

5. 이야기가 스며 들어간 이름 짓기

(1) 주어진 물건으로 문장 만들기

한 사람씩 문장을 만들어서 이야기를 만들 수도 있지만, 교실 안에서 흔히 볼 수 있는 물건들을 가지고 이야기를 만드는 놀이도 있다. 교실 안에서 볼 수 있는 물건들이 들어가다 보니, 머리로만 상상할 때보다 더 구체적으로 이야기가 만들어지기도 한다.

■ 놀이 규칙

1. 반드시 교실 안에 있는 물건을 집어넣고 문장을 만들어서 이야기를 이어 가며 스토리를 만들어야 한다. 이 놀이를 하며 학생들의 기발한 창의력을 키울 수도, 발견할 수도 있다.
2. 한 물건으로 한 문장씩 만들어서 연결해도 되지만, 한 문장 안에 여러 물건을 넣어 만들어도 된다.
3. 실제로 교실에 있는 물건으로 해도 되지만 단어 몇 개를 선택해서 해도 된다. 규칙은 정하기 나름이다. "열쇠로 문을 열고 방에 들어가 책을 보다, 친구와의 약속이 생각났다. 얼른 시계를 들여다보니…." 이 경우는 교실에 있는 물건으로 이야기를 만든 경우다.

이야기를 만들기 위해서는 상상력과 창의력이 동시에 발휘되어야 한다. 개인이 이야기를 만들기도 하지만 분단이나 모둠, 한 학급 전체가 함께 공동 작품을 만들 수도 있다. 만드는 과정을 지켜보면 그 학급에서 일어난 일들을 알게 되고, 학생들의 관심사에 대해서도 엿볼 수 있다.

(2) 인디언식 이름 짓기

본명보다 별명이나 별칭이 그 사람을 더 정확하게 명중하는 기능을 갖기도 한다. 사실 돌림자를 넣어 지은 이름이나 좋다는 뜻을 넣어 만든 이름과 그 이름을 가진 사람(본질) 사이에는 애초에 유사성이 없다.

예술가, 철학가, 종교인을 보면 필명, 법명, 세례명, 호와 같은 이름을 하나 혹은 몇 개씩 더 챙기고 산다. 그렇지 못한 평범한 사람들도 누구나 사회적, 법적 책임을 갖는 이름 말고 자신의 인생관이나 삶의 가치, 혹은 자신의 성격과 특징을 담은 이름 하나쯤 더 갖고 싶다는 욕망이 있다. 그래서 가족끼리, 혹은 동호인 모임 안에서 별명이나 별칭을 만들어 갖기도 하고 만들어 주기도 한다. 그리고 그 별명과 별칭에 더 애정을 느끼기도 한다.

'인디언식 이름 짓기' 놀이로 자신의 성격, 특징, 가치관을 담은 새로운 이름을 얻을 수 있는 즐거운 시간을 가져 보자. 먼저 기존에 마음에 들지 않는 별명을 가진 친구의 심정을 들어 보는 시간을 가진다. 보통 이런 별명은 신체적, 성격적 약점을 놀리기 위해 지어진 것들이다. 이야기를 나누는 과정에서 이런 별명이 불리는 사람에게 미칠 심리적 피해와 그 사람의 인생에 끼칠 악영향에 대한 설명의 시간을 가진다. 자연스럽게 이름이나 별명, 별칭이 얼마나 삶에 중요한 영향을 끼치고 큰 의미가 있는지 깨닫게 될 것이다.

그리고 '이름'을 어떻게 짓는 것이 바람직한지 알려 주는 읽기 자료를 소개한다. 인디언 부족의 이름에 대한 글을 읽으며 이름을 포함한 말의 중요성과 말의 힘을 알게 한다. 또 말이 곧 삶이 되며 삶이 곧 말이라는 사실도 알려 준다.

무엇보다 이름을 지어 주는 과정에서 친구들에게 진지한 관심과 애정이 필요하다는 것을 느끼고 친구들을 새롭게 바라보는 시각을 갖도록 한다. 이름을 지을 때는 추상적 내용을 상징적으로 압축하고 창의적으로 표현하는 능력을 기르는 데 초점을 맞춘다.

■ 놀이 규칙

1. 친구들의 특성을 파악하거나 그 친구에게 얽힌 사건들을 소재로 삼아야 하기 때문에 학기 초보다는 학기 말 활동이 좋다.
2. 먼저 학생들에게 이름이 갖는 의미를 알게 해 주는 읽을거리를 읽도록 지도한다. 읽지 않으면 활동하기 어렵다.
3. 모둠을 만든 후 함께 의논해 되도록 많은 친구에게 이름을 붙이도록 한다. 교사는 발표 시간을 약 15분 정도 남기고 교실 안을 돌아다니며 도움을 준다.
4. 이름을 지을 때 친구를 비방하는 내용을 담아서는 안 된다는 점을 강조한다. 친구를 가장 잘 드러내 주는 특징과 친구와 관련된 사건 중 인상적인 장면들을 기억하며 만들도록 한다. 이름은 반 친구들이 모두 공감할 수 있는 것으로 정하는 게 좋으며 추상적인 것보다는 구체적으로 짓도록 지도한다.
5. 끝나기 15분 전쯤 조별로 돌아가며 발표를 시키고, 제일 창의적이고 재밌는 이름을 종이에 적어 칠판에 전시할 수도 있다. 교실 칠판에 부착하여 가장 마음에 드는 이름에 스티커를 붙이게 할 수도 있다.

■ 유의 사항

1. 모둠이 함께 의논하여 이름을 붙여 준다.
2. 친구의 특징을 잘 살려 인디언식(구체적인 관형어를 붙여서 짓고 서술어로 끝나도 무방함) 이름을 붙여 준다.
3. 신체적 결함이나 약점 등을 사용하면 안 된다는 점을 분명히 해 준다.
4. 모둠별로 돌아가며 발표하게 한다.

〈표1〉 인디언식 이름 짓기 활동지 예시

번호	이름	인디언식 이름	번호	이름	인디언식 이름
1	김지은	살아 있는 모나리자	20	육탁기	말부족 추장
2	최용준	제2의 이호성이다	21	김은성	교장 선생님처럼 돌아다녀
3	김한솔	안 물어 봤다	22	정재영	상처 입은 영혼

※ 읽어 보기 - 인디언 이름
※ 출처: 〈빗속을 걷다〉와 〈상처 입은 가슴〉
《나는 왜 너가 아니고 나인가》(류시화 지음, 김영사, 2003)

'인디언 이름'과 관련한 글을 읽다 보면 이 지구의 어떤 민족보다 아메리칸인디언들의 독특한 이름이 오래 기억에 남는다. 백인들이 쳐들어와서 획일적이고 특색 없는 존이나 제임스로 바꿔놓기 전까지, '빗속을 걷다'나 '나비 부인에게 쫓긴 남자', '어디로 갈지 몰라', '아직 끝내지 못한 일(미완성)'이 그들의 이름이었다. '너 잘 만났다'도 있고, '시끄럽게 걷는 자'도 있었다. 자기 소유의 말이 미쳐 버린 사람은 '미친 말(크레이지 호스)'이 이름이 됐다.

　이름을 지을 때 인디언들은 대개 구체적인 사물이나 사건의 명칭을 따서 지었다. 예를 들어 모두가 어디를 가기로 했는데 한 사람이 가기 싫어했다면 그 사람의 이름을 '가기 싫다'라고 부르는 식이었다. 또한 인디언들의 이름에는 용맹한 동물들이 자주 등장하고, 특기할 만한 사건을 겪은 사람의 경우에는 그 사건이 그대로 이름이 되기도 했다.

　태어날 때 바람이 몹시 분 아이는 '바람의 아들'이 되고, 지빠귀가 울면 '지빠귀가 노래해'가 이름이 됐다. 하지만 그 이름은 고정된 것이 아니었다. 삶에서 그들이 겪는 사건, 꽃피어 나는 재능, 이룬 업적 등에 따라 이름이 수시로 바뀌었다. 인디언들의 이름은 해독하기 힘든 추상 명사가 아니라, 삶의 경험으로 이루어진 의미 있는 단어였다.

　인디언들의 이름은 이렇듯 추상적인 것보다는 주로 자연에 가까웠다. 사람의 이름뿐 아니라 강이나 들판, 산의 이름에서도 인디언들 특유의 단순성과 자연에의 친밀감이 그대로 드러난다. 그들은 새벽안개에 곧잘 파묻히는 밭은 '안개밭'이나 '안개를 만드는 밭'이라고 이름 붙였으며, 쓸쓸한 작은 강은 '자살하고픈 샛강'이라고 불렀다. 꿈을 꾼 곳은 '꿈꾸는 언덕'이 됐다.

인디언들의 세계는 이름으로 가득 차 있다. 그들은 문자를 사용하지 않는 대신 이 세상에 존재하는 모든 것에 마음을 주고 그것들에 어울리는 이름을 붙였다. 이름들은 울림을 갖고 있고, 울림은 오래 남는다. 영원할 것들과 영원하지 않는 것들, 이미 지나간 일들과 다가오는 일들, 지상의 삶과 '행복한 사냥터'로 이름 붙여진 또 다른 세계의 삶에 대한 그리움들이 그 울림 속에 고스란히 담겨 있다. 이름의 연금술사들답게 인디언들은 친구를 '나의 슬픔을 지고 가는 사람'이라 불렀다.

무엇보다 인디언들의 이름에는 가족의 성이 없었다. 그것은 그들이 자연의 모든 생명을 한 가족으로 여겼음을 뜻한다. 그들에게는 동물과 나무, 돌들까지도 한 혈족이고 친척이었다. 따라서 굳이 자기들만의 성이 필요 없었다.

6. 음운의 특징을 이해하는 카드놀이

카드를 이용하는 놀이를 수업에 응용하는 것은 교사의 창의력에 달렸다. 자신이 알고 있는 카드놀이 방법을 이용하면 되기 때문이다. 카드의 내용은 학생들이 알았으면 하는 교과목의 개념어나 내용으로 만들어서 하면 되는데, 그럴 때는 교사가 카드놀이의 방법을 적절히 변형해야 한다. 카드놀이의 시작은 카드 만들기다.

친절한 교사는 학생들을 수동적이고 의존적으로 만드는 경우가 많다. 학생들이 잘 배우려면 교사의 지나친 친절보다 기다림과 인내가 오히려 더 필요한지도 모른다.

놀이에 필요한 카드는 학생들이 직접 만드는 것이 좋다. 원래 놀잇감은 본인이 만들어야 소중하게 다룬다. 또 만드는 과정에서도 중요한 배움이 생겨 난다. 스스로 만들면서 카드에 적은 개념이나 내용을 한 번 더 생각해 볼 수 있고, 놀면서 생기는 놀이 방법의 모순을 창의적으로 해결하면서 놀이판을 즐긴다. 특히 본인들이 만든 놀잇감은 함부로 다루거나 훼손하는 경우가 거의 없다. 교사가 정성 들여 만들어서 주면 보기에는 좋겠지만 결과적으로 그리 교육적이지는 않다.

국어 수업 중 언어적 특징과 음운을 공부할 때 학생들이 쉽게 익힐 수 있도록 카드를 사용하여 놀아 보았다. 화투놀이를 활용해 자음 모음 카드와 그 자음과 모음이 속하는 상위어들까지 카드로 만들었다. 언어적 특징이나 음운은 교사가 원리를 설명해야 하나 결국은 지식적인 측면으로 암기해야 할 부분이 있기 때문에 놀이로 쉽게 외울 수 있게 한 것이다. 성인들이 하는 화투 놀이를 변형했기 때문에 화투놀이 방식대로 하면 된다.

1. 카드는 진도가 빠른 반을 선택하여 모둠을 만들게 한 후 학생들에게 백표 지 1장씩을 주고 만들도록 한다.
2. 백표지와 칼, 가위, 매직은 교사가 모둠장에게 미리 지급한다.
3. 모음 부분이 끝날 즈음 10분 정도 남겨 두고 두레를 만들고, 카드를 만들 면 시간이 맞는다.
4. 카드는 걷어서 다른 반에서 사용하면 시간을 절약할 수 있다.
5. 놀이 요령을 미리 전지에 써서 칠판에 붙이면 설명하느라 목 아프고 시간 이 낭비되는 것도 막을 수 있다.

(1) 모음 분류하기

큰 개념에 들어 있는 작은 개념들을 분류할 때 이 놀이를 하면 쉽게 개념을 익힐 수 있다.

1) 단모음/이중모음 분류하기

수업에서 단모음/이중모음 분류하기를 카드놀이로 할 수 있다.

■ 놀이 규칙
1. 4명이 한 모둠이 된다.
2. 모음 카드를 21장 만든다.
3. 카드를 고루 섞는다.
4. 가위바위보로 순서를 정한다.
5. 순서에 따라 단모음 혹은 이중모음을 골라낸다.
6. 다 골라 내면 놀이가 끝난다.
7. 가장 많이(빨리) 골라낸 사람이 이긴다.

단모음이 뭔지 이중모음이 뭔지 모르면 못 고르기 때문에 놀이에 지게 된다. 아이들은 이기기 위해서 놀이를 하면서도 책을 열심히 본다. 그러다 보면 자연스럽게 단모음과 이중모음을 알게 된다.

2) 원순모음, 전설모음, 고모음, 저모음 익히기

■ 놀이 규칙
1. 단모음 카드만 남긴다.
2. 카드를 섞어서 펼쳐 놓는다.
3. 사회자가 원하는 카드(원순모음, 전설모음, 고모음, 저모음)를 빨리, 정확히 찾는 사람이 이긴다.

처음에는 모둠 전체가 사회자가 말한 카드를 골라내게 한다. 시간이 지나서 어느 정도 익혔다고 생각될 때 모둠에서 1명씩 일어나 경쟁하도록 하면 소외되는 학생 없이 할 수 있다.

3) 모음의 특성 익히기
이 놀이는 카드로 모음을 빨리 배열해야 하는 놀이로 모둠 대항 놀이로 적당하다.

■ 놀이 규칙
1. 모둠에서 한 사람씩 도전한다.
2. 사회자가 요구하는 대로 카드를 배열한다.

3. 사회자는 단모음, 이중모음, 고모음, 원순모음, 전설모음 중 아무거나 선택
   해 배열할 것을 요구할 수 있다.
4. 모둠 대표는 자신의 앞에 늘어놓은 카드를 사회자의 요구에 따라 빨리, 정
   확히 찾는다.
5. 한 사람이 여러 번 도전할 수 없고 반드시 돌아가며 도전해야 한다.

(2) 자음 분류하기

화투놀이처럼 공통된 개념이나 내용의 카드를 따 먹는 놀이다.
자음이 소리 나는 위치와 특징, 소리의 세기를 익히는 데 도움이
된다.

■ 놀이 규칙
1. 카드는 자음 카드 19장과 그 위치를 적은 카드 5장(입술소리, 혀끝소리, 센
   입천장소리, 여린입천장소리, 목청소리), '자음'이라고 적은 카드 1장, 모음
   카드 21장, '모음'이라고 적은 카드 1장까지 모두 47장을 만든다.
2. 카드를 섞은 뒤 4명이 한 두레가 돼 바닥에 4장을 깔고, 각자 4장씩 카드를
   갖고 나머지 카드는 엎어놓는다.
3. 순서를 정해 딴다. 단, 같은 계열을 따야 한다.
   단모음 – 단모음, 이중모음 – 이중모음, 혀끝소리 – 혀끝소리 등으로 따내
   면 된다. 자음의 경우 입술소리 중 'ㅁ'은 울림소리도 된다. 이럴 땐 'ㅁ'으
   로 입술소리를 따도 되고 울림소리를 따도 된다. 바닥에 깔린 것에 따라 따
   내면 된다. 'ㄱ'의 경우도 여린입천장소리를 따내도 되고, 'ㅋ'이나 'ㄲ'을 따
   내도 된다. '자음'이라고 써 있는 카드는 자음 아무거나 딸 수 있고, '모음'
   이라고 써 있는 카드는 모음 아무거나 딸 수 있다. '혀끝소리'나 '입술소리'
   라고 써 있는 카드도 마찬가지다.
4. 손에 있는 카드가 다 떨어지면 놀이는 끝난다.
5. 점수 계산 : 'ㄱ', 'ㅇ' 등을 따는 것보다 'ㅋ'을 따는 것이 유리하다.

모음 1점, 자음 2점, 거센소리, 된소리, 유음, 유성음 3점, '자음', '모음' 등 이름이 써 있는 카드는 5점

■ 유의 사항

자음이 소리 나는 위치와 특징, 세기를 익히는 활동이다. 자음만으로는 카드 숫자가 부족하기 때문에 모음 카드까지 섞어서 활동하도록 한다. 수업 시간에 익힌 단모음과 이중모음을 한 번 더 복습하는 효과도 있다.

이 놀이를 하기 위해선 먼저 학생들이 자음이 소리 나는 위치, 소리 나는 방법, 모음의 소리 내는 방법들을 알아야 한다. 이것들은 대체로 교과서에 표로 정리되어 있는데 이 표를 암기하는 것이 그리 쉽지 않고, 암기를 해도 오래 가지 않는다. 그런데 교과서를 옆에 펴 놓고 같은 계열의 자음과 모음 카드를 따다 보면 저절로 암기가 돼, 10분 정도 시간이 지나면 반 전체가 교과서를 보지 않고 카드놀이를 하는 놀라운 장면을 보게 된다.

7. 퀴즈 놀이

(1) 문제 쪽지를 모아라!

이 놀이는 배운 내용을 정리하는 데도 유용하고 암기용으로 활용하기에도 적당하다. 시험 전 마무리 시간에 개별적으로 복습할 시간을 주기보다 함께하면 재미와 함께 배움의 깊이도 더할 수

〈그림8〉 자음 카드와 모음 카드 묶음

〈그림9〉 자음 카드와 모음 카드가 뒤섞인 모습

있다.

■ 놀이 규칙
1. 학생들 각자에게 A4 용지를 1~2장씩 나눠주고 4등분이나 8등분하도록 한다.
2. 1칸에 문제 하나씩 만들어서 쓰도록 한다. 단 지금까지 배운 내용 중 정해진 범위 안에서 다양한 문제 유형으로 출제할 수 있다.
3. 문제 쪽지 뒷부분에는 정답을 쓴다.
4. 문제를 다 쓰면 등분한 대로 자른다.
5. 먼저 짝꿍과 가위바위보를 해서 이긴 사람이 진 사람의 문제쪽지를 읽고 정답을 맞히는데, 문제를 맞히면 문제쪽지를 가져간다.
6. 교실 안을 돌아다니며 적당한 상대와 가위바위보를 한다. 가위바위보를 해서 이긴 사람이 정답을 못 맞히면 진 사람은 문제쪽지를 빼앗기지 않고, 다른 상대를 찾아가 다시 가위바위보를 한다.
7. 최종적으로 문제쪽지를 가장 많이 획득한 사람이 이기는 놀이다.

■ 유의점
학습 능력이 뛰어난 학생에게 유리한 놀이가 아니라 가위바위보에서 이긴 사람이 운좋게 많은 문제를 풀어 쪽지를 많이 모으면 되는 놀이여서 재미있다. 학습 능력으로 결과가 예측 가능하다면 어떤 놀이도 흥미를 불러일으킬 수 없다. 학습 능력이 부족한 아이들에게도 충분한 의욕을 불러일으킬 수 있으며, 반면에 학습 능력이 좋은 학생들에게는 자신의 배움을 정리하고 문제화하는 데서 더 큰 배움을 획득할 수 있다는 장점이 있다. 모두에게 충분히 재미있고 의미 있는 놀이다.

가위바위보를 해서 이긴 사람이 문제를 맞힐 수 있는 기회는 상황이나 내용, 수준에 맞게 조절 가능하며, 혹시 문제쪽지를 다 빼앗긴 경우 회생할 수 있는 기회를 제공하는 방법을 다양하게 만들어 보아도 좋을 것이다. 예를 들면 문제쪽지가 다 떨어졌을 때 선생님이 내는 문제를 맞히면 문제쪽지를 5~10개 정도 받아 갈 수 있도록 미리 교사가 문제쪽지를 만들어 두어도 좋다.

(2) OX 퀴즈

진행자(교사)가 문제를 내면 학생들이 문제의 옳고 그름에 따라 O나 X를 내는 놀이다. 맞힌 사람은 살아남고 틀린 사람은 탈락한다. 탈락자들을 대상으로 패자부활전을 통해 다시 놀이에 참여케 할 수 있다. OX 퀴즈놀이는 특별한 진행 기술 없이 재미있게 활용할 수 있는 놀이다.

■ 놀이 규칙

1. 전체를 대상으로 해도 되고, 모둠 단위로 해도 된다.
2. 교사가 O·X판을 준비해 나눠 준다. 판을 준비하지 않고 팔로 동그라미나 엑스를 표시하라고 할 수 있으나, 이런 방법으로 하면 속이는 학생이 있어 분쟁이 생길 수 있으므로 준비하는 것이 좋다. 보통 작은 화이트보드를 나눠 주기도 하는데, 돈이 많이 들기 때문에 장판을 사다 책받침 크기로 잘라서 사용하면 좋다. A4 용지에 O와 X를 앞뒤로 복사해 10장 정도 만든 후 코팅하면 훌륭한 판이 된다.
3. 틀린 사람은 떨어지고 맞힌 사람만 남는다.
4. 탈락자들에게 회생의 기회를 주기도 한다.

이 놀이는 배운 내용을 정리하는 용도로 활용 가능하다. 따라서 문제를 학생들이 직접 만들게 할 수도 있다. 또 특별한 기념일에 활용할 수 있다. 예를 들면 '학생의 날', '한글날', '장애인의 날' 등에 몇 가지 간단한 문제를 통해 기념일의 의미를 되새길 수 있다. 학급 활동 시 생일 잔치에 활용할 수도 있다. 생일을 맞은 친구에 대한 문제를 출제해 그 친구에 대한 이해와 관심을 높일 수 있다.

2부

이질적인 집단에서 상호작용하기

교사들이 꿈꾸는 최고의 수업은 어떤 수업일까? 아마도 교사나 학생 모두가 '즐겁고 행복한' 수업이 아닐까 싶다.

그렇다면 즐겁고 행복한 수업은 어떻게 만들어질 수 있을까? 즐겁고 행복한 수업의 기본은 아이들이 수업 시간에 마음을 열고 입을 열 수 있는 분위기를 만드는 것이라고 생각한다. 어떻게 하면 아이들이 수업 시간에 부담 없이 즐겁게 입을 열게 될까? 자연스럽게 부담 없이 학생들의 말문을 틀 수 있는 방법은?

말은 기본적으로 '의사소통'의 수단이며, 자신의 '감정과 생각과 사고'를 표현하는 도구다. 의사소통은 혼자 하는 것이 아니며, 감정과 생각과 사고는 다른 사물(사람)과의 부딪힘(관계)에서 생겨난다. 그래서 말문을 트게 하기 위한 기초 작업으로 마음을 열고 관계를 맺고 서로를 이해하는 활동이 필요한 것이다. 말문을 튼다는 것은 마음을 튼다는 것이다. 마음을 트지 않고는 말문도 트이지 않는다. 특히 '말'을 다루는 국어 수업에서는 아이들의 마음을 트게 하는 활동을 절대로 소홀히 할 수 없다. 이것은 비단 국어 교과만의 특성은 아닐 것이다. 모든 교과의 수업에서 교사와 아이들 사이에 마음의 교류가 있을 때 수업 효과는 높아진다.

하지만 마음의 교류나 관계 맺기는 억지스럽게 이루어지는 것이 아닐 뿐더러, 일방적이거나 성취에 대한 부담감을 가질 경우 오히려 역효과가 발생할 수도 있다. 그렇다면 아이들과 혹은 아이들끼리 자연스럽게 교류하고 소통할 수 있는 방법에는 무엇이 있을까?

아이들과 짧은 시간 안에 농도 짙은 만남과 관계를 맺을 수 있는 매체를 고민하다 '놀이'로 접근하는 방법을 시도했다. 생각했던 것보다 '놀이'를 통해 얻는 수확이 컸다. 먼저 '놀이'는 아이들에게 쉽고 빠르며 친근하고 부담 없이 접근할 수 있는 매개체였다.

3장

다른 사람과
관계를 잘 맺는 능력

진정한 '나 자신이 되는 것'은 '너'라는 거울이 있어야 한다. 너와 나의 차이를 느끼는 데서 나의 고유성과 독립성의 즐거움을 알게 되는 것이다. 관계는 그 '차이' 때문에 풍부해지며, 내가 관계 맺는 '너희'들이 많아질수록 나 자신이 되는 길도 많아진다.

사실 모든 놀이는 '관계'가 본질이다. 다른 사람, 사물, 심지어 추상적 개념과도 관계 맺지 않으면 놀이는 성립되지 않는다. 그러니 어떤 놀이든 놀이를 하다 보면 관계의 중요성을 몸으로 깨치고 마음에 새길 수 있다. 여기 소개하는 놀이들은 마음을 열게 하는 놀이들이다. 놀이를 하는 과정에서 아이들은 서로의 마음을 읽고 이해하게 되며, 갈등을 해결하고 마음을 모으는 방법을 경험하게 된다.

1. 소개 놀이

소개 놀이는 언어 활동 중 쓰기, 말하기, 듣기를 다 할 수 있는 활동이다. 여러 가지를 소개할 수 있으나 가장 기본적인 소개가 자기소개다. 그러나 자기를 소개하라고 하면 많은 학생이 '○○ 중학교, ○학년 ○반 ○번 ○○○입니다' 정도로 하거나, 더하더라도 취미나 좋아하는 것을 소개하는 선에서 끝난다.

그렇지만 자신을 소개하는 활동이야말로 자신의 가치를 다른 사람에게 알리는 참으로 중요한 일이다. 그래서 소개하기를 통해 자신을 되돌아보고 자신의 가치를 발견하도록 수업을 구성하면 좋다.

(1) 백지로 자기소개하기

백지를 이용한 자기소개는 심성 계발 놀이 중 하나로 창의력이 있어야 하는 놀이다. 먼저 학생들에게 종이 한 장씩을 나눠 준다. 백지를 보면서 그동안 자신의 삶이나 생활을 잠깐 돌아보는 시간과 자신의 성격과 취향 등에 대해 정리해 보는 시간을 갖도록 한다. 교사가 먼저 백지를 가지고 찢거나 오리거나 구기거나 모양을 만들어 자신을 소개하는 본보기를 보여 준다. 학생들도 각자 자신의 성격이나 가치관 등을 백지를 가지고 어떤 방식으로 표현할지에 대해 고민해 보도록 한다.

이 놀이를 해 보면 알겠지만, 아이들은 대단한 창의력을 발휘해 백지로 자기소개를 한다. 백지로 자기소개를 준비하다 보면 '말하기가 문제 해결 과정임을 안다'라는 학습 목표가 자연스럽게 인식되면서 문제 해결 과정으로서의 말하기를 수행하게 된다.

학기 말 수업 진도를 다 마치고 자신에 대해 한번 성찰해 보는 시간으로 이 놀이를 하면 감동적인 수업이 될 수 있다. 백지를 이용해 자기를 소개하는 것이어서 자기에 대한 단순한 소개보다는 내적인 면을 소개하는 측면이 강하다. 방법은 창의적으로 자신이 생각해서 한다. 학생은 교사가 주는 종이를 받아서 자신의 소개 거리를 종이로 표현한다. 종이를 접을 수도 있고, 찢거나 가위로 오릴 수도 있으며, 낙서를 할 수도, 그림을 그릴 수도 있다.

■ 놀이 규칙

1. 교사는 학생들에게 백지를 한 장씩 나누어 준다. 이때 나눠 주는 백지는 아무것도 없는 깨끗한 A4 용지가 좋다.
2. 학생들에게 자신에 대해 잘 생각해 보라고 한다. 내면적인 것, 평소에 많이 하는 생각, 어려서부터 지금까지 살아온 것들, 미래에 대한 생각 등등….
3. 자신을 표현하도록 잠시 시간을 준다. 겉모습보다는 내면적인 것으로 하도록 조언한다.

■ 유의 사항

1. 백지를 이용해 자기소개를 하는 것을 인식시켜야 한다.
2. 자신의 겉모습보다는 내면적인 면에 치중해 먼저 자신이 어떤 사람인지 잘 생각해 보도록 한다.
3. 교사가 먼저 시범을 보이는 것이 좋다.
4. 학생들의 창의성을 잘 끌어올리는 방법으로 접근한다.

5. 가위나 칼이 필요한 학생이 있기도 하므로 미리 준비한다.

이 놀이의 사례를 소개하면 다음과 같다.

한 학생이 교탁 앞으로 나오더니 종이를 뭉쳐 공으로 만들었다. 그리고 그것을 교탁 위에서 굴린다. 그러면서 다음과 같이 이야기했다. "지금의 저는 이 종이공처럼 잘 굴러가지 못합니다. 뭉친 종이의 모난 구석 때문에 잘 굴러가지 않기 때문입니다." 다시 종이를 더 꼭꼭 뭉쳐 완전한 공처럼 단단하게 만들어 다시 굴린 후 다음과 같이 말했다. "그렇지만 이렇게 꼭꼭 뭉친 종이공이 잘 구르는 것처럼 저의 모자라고 모난 부분을 끊임없는 노력으로 닳고 닳아 단단하게 되어 잘 구르는 지금의 종이공처럼 만들어 제 인생이 잘 굴러가게 할 것입니다."

어떤 학생은 종이와 가위를 준비하여 교탁 앞에 서서, "저는 지금 이 종이의 네 귀퉁이처럼 성격이 모나기도 하고, 얇은 면이 칼날처럼 남에게 상처를 주기도 하고, 머릿속은 이 백지처럼 채워지지도 않았습니다."라고 말한 후, 종이를 4등분하여 접었다. 그리고 가위로 가운데 부분을 동그랗게 오리고는 "그렇지만 저는 주위의 선생님과 친구들, 부모님의 도움을 받아 모나고 모자라고 칼날처럼 날카로운 부분을 이렇게 둥글고 원만하게 만들어서 세상을 둥글둥글 살아갈 것입니다."라고 말했다.

학급의 말썽꾼이 앞으로 나와서 "저도 처음엔 이 깨끗한 백지처럼 순수한 아이였습니다. 그러나 시간이 지나면서 (백지를 구기기도 하고 바닥에 비벼 더럽히기도 하면서) 이렇게 나쁜 길로 빠져들었습니다. (구긴 백지를 다시 펴서 교탁 위에 놓고 손바닥으로 싹싹 문질러 편 후) 그렇지만 지금처럼 저를 지켜봐 주시는 친구들과 선생님이 있다면, (비행기를 접어 날리면서) 이 세상을 이 비행기처럼 자신 있게 날아갈 수 있을 것입니다." 하고 발표를 했다. 그러자 학생들이 환호를 지르고 일어나 모두 박수를 쳐 주었다. 우린 그때 그 말썽꾼의 진심을 보았고, 그 진심에 진정한 마음을 담아 축복해 주었다. 그 결과 말썽꾼이었던 학생은 1년 동안 적어도 국어 시간에는 진지하게 수업을 받게 되었다.

(2) 돌림 쪽지로 친구 소개하기

이 놀이는 자기소개를 쪽지에 적어 내면 다른 사람이 대신 소개해 주는 형태의 놀이다. 쪽지를 돌리는 방식은 다양하게 만들 수 있다. 쪽지의 내용을 듣고 참가자들이 쪽지의 주인공이 누구인지 맞히는 놀이로 변형할 수도 있다.

자기소개를 다른 사람이 대신 해 주는 방식으로는 인터뷰 놀이처럼 짝에 대해 알고 싶은 것을 묻고 답한 후 전체적으로 소개하는 방식도 있지만, 놀이의 요소를 좀 더 가미한 돌림 쪽지로 친구 소개하는 방식을 쓰면 신선한 느낌과 재미를 더할 수 있다. 또 이 놀이를 통해서 경청의 소중함을 깨달을 수 있다.

■ 놀이 규칙

1. 학생들 각자 준비한 쪽지에 소개할 내용을 쓴다. 이때, 교사가 몇 가지 필수 항목을 제시해도 된다.

    예시) 좌우명 / 별명 / 취미나 습관 / 잘하는 것, 못하는 것 2가지씩 / 가장 해 보고 싶은 일

2. 학생들은 자기소개서를 써도 되고 인터뷰한 친구를 소개하는 글을 써도 상관없다.

3. 다 쓰면 쪽지를 접어서 손바닥 안에 잡힐 정도로 만든다.

4. 쪽지를 돌리기 시작하는데, 이때 자리 형태는 이왕이면 책걸상을 뒤로 밀고 둥그렇게 앉는 방식이 좋다. 여건이 허락지 않는다면 그대로 해도 되는데, 진행할 때 쪽지가 잘 섞일 수 있게 신경을 써야 한다.

5. 박자에 맞춰 노래를 부르며 각자 손에 든 쪽지를 일정한 방향으로 돌린다. 분단별로 의자에 앉아 있다면 자세를 바꾸어 분단끼리 길쭉한 원을 만들면 된다.

6. 적당한 시점에 방향을 바꿔 돌린다. "자, 퐁당퐁당에 맞춰 오른쪽 옆 사람에게 전달합니다." 노래를 부르며 돌리는 것은 같은 박자에 다 같이 돌리는 통일성과 재미를 위해서지만 박자를 놓치거나 정확히 일치되지 않더라도 상관없다. 쪽지가 섞이기만 하면 되므로 꼭 노래를 부르지 않아도 된다.

7. 차례대로 넘기는 것을 서너 차례 하고 나서(이때 쪽지가 없는 아이가 꼭 있다. 그러면 바닥에 떨어진 것이나 두 개 갖고 있는 아이에게 받아서 하나씩만 다시 챙겨 갖도록 한다) 쪽지 교환을 한다. 주고받는 상대를 정하는 상황을 여러 개 준비해서 실시한다. 이렇게 되면 쪽지가 순서 없이 다양하게 섞인다.

    예) 같은 성을 지닌 친구와 교환하세요.

        마음이 맞는 친구와 교환하세요.

        키가 비슷한 친구와 교환하세요.

        지금 이 순간, 눈이 마주친 친구와 교환하세요.

8. 의자에 앉아 있는 경우, 자유롭게 움직일 수 없기 때문에 자리에서 일어나 서로 던지며 주고받아도 된다. 던질 때 바닥에 떨어뜨리지 않도록 주의하고 교사가 '하나 둘 셋' 하면 던지기로 약속하면 혼란이 줄 수 있다. 쪽지를 받지 못하는 경우 빨리 가서 바닥에 떨어진 쪽지를 아무거나 하나 주워 가지

면 된다. 둥글게 앉아 있는 경우라도 그 자리에서 일어나 던지게 해도 재밌다. 만나서 교환할 때는 원을 이탈했다가도 교사의 지시가 떨어지면 다시 제자리로 돌아오도록 한다.

9. 어느 정도 아이들의 마음이 열린 상태에서 쪽지 돌리기를 멈춘다. 그리고 최후에 자기 손에 남겨진 운명의 상대를 확인한다. 혹시 자기 자신을 소개하는 쪽지를 가지게 되더라도 자신이 아닌 척하고 소개하면 되니 상관없다.

10. 한 사람씩 쪽지에 적힌 소개 내용을 읽는다. 반 전체 친구들은 누구인지 생각해 본 후 맞혀 본다. 다들 쉽게 알아맞히는 경우엔 보충소개가 필요 없지만, 끝까지 들어 봐도 알 수 없는 미스터리한(혹 존재감이 없는) 경우엔 스스로 자신을 소개할 수 있도록 보충 시간을 준다. 놀이 이후이기 때문에 자연스럽게 자신을 소개할 수 있게 된다.

■ 유의 사항

1. 쪽지는 교사의 특별한 지시 없이 미리 열어 보는 일이 없도록 주의시킨다.

2. 학급 전체가 하기엔 1차시로는 부족하다. 1차시만으로 끝내려면 "도무지 누군지 모르겠으니 다 같이 찾아보고 싶은 친구의 쪽지를 가진 사람?" 하고 물어서 손을 든 사람을 발표하게 하는 방식으로 진행하면 된다. 2차시용으로 진행하려면 자신이 가지고 있는 쪽지를 다시 접어서 봉하고 다음 시간에 가져오도록 한다. 하지만 교사가 거둬 두는 편이 낫다. 그럴 때 쪽지 겉면에 마지막으로 가지고 있던 사람의 이름을 써서 제출하도록 하고 다음 시간에 다시 나눠 준다.

이 놀이는 쪽지에 자기 자신을 소개하는 항목을 다른 친구가 읽는 동안, 그 내용을 들은 다른 친구들이 자신을 알아맞힐 때 큰 기쁨을 느낀다. 자신만이 아는 항목을 적었는데도 친구들이 그것을 알아 줄 때, 그 고마움과 기쁨은 말로 표현할 수 없다. 또한 다른 사람들은 쪽지의 주인공인 친구가 적은 항목을 들으며 그 친구에 대한 새로운 면을 발견하고 그 친구의 가치를 알게 된다. 이렇게 마음을 나눈 학생들과 교사들에겐 수업이 활발한 소통의 장이 된다.

(3) 나는 누구일까?

이 놀이의 진행 방식은 '돌림 쪽지로 친구 소개하기'와 같다. 단, 쪽지를 돌리지 않고 교실 뒤쪽으로 집어던지고는 쪽지를 하나씩 주워 와서 읽고 누구의 것인지 맞히는 것이다.

■ 놀이 규칙

1. 교사는 학생들에게 쪽지를 나눠 준다.
2. 학생들은 쪽지에 교사가 미리 칠판에 적은 항목을 작성한다. 이때 자신의 이름을 적지 않도록 한다.
   항목 1) 나의 외모 2) 나의 성격 3) 내가 즐겨 하는 일
   4) 나의 말버릇이나 말투 5) 나의 특징적인 면
3. 쪽지를 동그랗게 구긴 후 교사의 지시에 따라 교실 뒤쪽으로 던진다.
4. 한 분단씩 가서 뒤에 있는 쪽지를 하나씩 줍는다.
5. 교사가 지적한 사람은 주은 쪽지의 내용을 읽는다. 앉아 있는 사람들은 누군지 맞힌다.
6. 쪽지의 주인공이 그다음 차례가 돼 자신이 가지고 있는 쪽지 내용을 읽는다.
7. 아무도 못 맞힐 때는 당사자가 자신임을 이야기한다.
8. 다 맞힐 때까지 하면 정말 재미있겠지만(실제로 아이들은 끝까지 하자고 조른다) 5명 정도 하고 나머지는 직접 찾도록 한다.
9. 나머지 사람들은 자신이 갖고 있는 쪽지에 적힌 아이를 직접 찾아가서 확인한다. 틀렸을 경우 주변의 도움을 받거나 여러 명에게 물어서 쪽지의 주인을 찾는다.

10. 대부분은 쪽지 주인을 찾지만 몇몇 못 찾는 경우엔 모두 앉힌 후 그 쪽지를 읽게 하고 다른 사람들이 찾아 주거나 본인이 밝히도록 한다.
11. 쪽지의 주인을 찾으면 그 쪽지의 내용을 바탕으로 공책에 쪽지의 주인을 소개하는 내용을 마련한다. 쪽지에 적힌 내용과 자신이 생각하는 내용을 잘 정리한다.
12. 공책을 참고하며 친구를 소개한다.

종이를 뒤쪽으로 던지는 이유는 수업 시간은 짧은데 섞느라고 시간을 버리지 않기 위함이지 다른 이유는 없다. 섞는 것보다 쪽지에 적혀 있는 사람을 찾는 것이 이 놀이의 중심이다. 앞으로 던지라고 하면 교사가 맞는 경우가 있으니, 뒤쪽으로 던지게 하고, 뒤에 앉아 있는 친구가 맞을 수도 있으니 조심하라고 말해 준다. 쪽지를 구겨서 던지는 행위에도 아이들은 대단히 즐거워한다.

(4) 우정 실은 종이비행기

이 놀이는 쪽지 돌리기(롤링페이퍼 형식)나 쪽지 뽑기보다 좀 더 생동감 넘치는 방법이다. 다 함께 종이비행기를 날리면서 환호성을 치기도 하고 짧지만 해방감을 느낄 수 있다.

교사가 종이를 한 장씩 나눠 주면 학생들은 종이에 자신의 이름을 적고 그 밑에 최근 자신의 고민이나 불만, 좌절한 이야기 등의 내용을 적는다. 친구들이 위로하거나 조언하는 글을 쓸 수 있는 공간을 남겨서 쓴 후 종이비행기를 만든다. 교사의 신호에 따라 다 함께 교실 이쪽저쪽으로 종이비행기를 날린다. 주변에 떨어진 종이비행기를 각자 하나씩 펼쳐서 읽은 후 조언하거나 위로하는 글을 써 준다. 모두 다 쓰면 함께 종이비행기를 접어서 또한 번 날린다. 이런 방법을 서너 번 반복한다.

■ 놀이 규칙

1. 교사가 A4 용지 1장씩을 나눠 주면 학생들은 거기에 자신의 고민을 2가지 이상 적는다.
2. 종이비행기 모양으로 접는다. 날개에 자신의 이름을 쓴다(깊이 있는 고민 까지 이끌어 내는 수업을 의도한다면 이름은 적지 않는다).
3. 교사의 구령에 맞춰 다 함께 날린다. 자칫 부상의 위험이 생길 수도 있기 때문에 공중을 향해 멀리 날리도록 한다.
4. 주변에 떨어진 종이비행기를 하나씩 찾는다.
5. 종이비행기를 펴서 고민의 내용에 진지하고 성의 있게 조언을 써 준다. 조 언자의 이름을 적을 수도 있고 안 적을 수도 있다.
6. 다시 접은 후 공중에 날린다.
7. 활동이 끝난 후, 자신의 종이비행기를 가져와 조언의 내용을 확인하고 느 낀 점을 발표한다. 교사가 한 장 한 장 읽어 주면서 학생들의 반응을 이끌어 내고 느낀 점을 발표시켜도 된다.

■ 유의 사항

조언의 내용은 학생들 수준과 학급 분위기에 맞게 조절한다. 학급의 분위기 가 원활치 못한 경우 진지한 고민과 조언보다 가벼운 내용으로 서로에 대한 관심과 흥미를 이끌어 내면 관계 회복에 도움이 된다. 예를 들면 '머리 모양을 어떻게 바꾸면 좋을까?', '요즘 좋은 영화나 음악을 소개해 줘' 등등. 성격이나 진로, 갈등 해결 등 깊이 있는 내용도 다룰 수 있다. 이런 경우 조언은 반드시 친절하고 완곡한 표현을 사용하도록 한다. 자칫 조언이 오히려 상처를 주는 말이 될 수도 있음을 사전에 주지시킨다.

이 놀이는 진로나 꿈에 대한 고민을 나누는 활동으로 변형하여 사용할 수 있다. 진로활동 시간이나 창의적 체험활동 시간에는 주로 활동지에 쓰고 서로 돌려 읽거나 발표하는 활동을 하는데, 이렇게 종이접기와 날리기라는 움직임을 가미하면 훨씬 역동적이고 흥미로운 수업이 될 수 있다. 필요하다면 작성자의 이름을 적지 않고 대신 답을 써 주는 사람은 밝히는 것이 좋다. 놀이에 사용된 종이비행기를 게시판에 부착해 모두가 함께 공유하도록 한다. 주인공이 누구인지 알아맞히는 놀이로도 활용 가능하다.

(5) 다양한 출석 부르기

이 놀이는 학기 초 이름 외우기에 적당한 놀이이기도 한데, 간단한 소개 놀이로 활용하면 학기 초의 긴장되고 서먹한 분위기를 풀어 주기에 좋다. 개학 첫날부터 시작해 모든 아이가 서로의 이름을 다 익힐 때까지 수업 열기 활동으로 활용한다. 3월 말쯤 선생님 대 아이들이 이름 맞히기를 하면서 마무리하면 좋다.

■ 놀이 규칙
1. 학생들 이름을 출석부대로 부르거나 규칙(대각선, 7의 배수 등)을 정해서 부른다. 부르다가 멈추고 다음 차례가 누구일까 맞힐 수도 있다. 아주 작은 소리로 불러도 재밌는데, 이때는 아이들이 집중해서 들을 수 있는 환경이 만들어져야 한다.
2. 소리 없는 출석 부르기는 선생님의 입 모양만 보고 자신의 이름을 알아차려야 한다(대답을 못 하는 학생에게는 작은 벌칙을 내려도 재미있다).

3. 출석을 부르면 학생은 '예'라는 대답 대신 불리기를 바라는 별명, 좋아하는 사람 이름 등 다양한 주제를 설정해서 외치게 한다. 지난 시간에 배웠던 수업 내용 중 생각나는 단어를 하나씩 외치게 할 수도 있다.

■ 유의 사항

다양한 주제를 주고 대답을 하게 할 때는 미리 생각할 시간을 준다. 그래도 대답하기 어려운 학생들에겐 '통과'나 '다음'의 기회를 주어 당황하거나 긴장하지 않도록 배려해 준다. '아침에 먹고 온 것', '어젯밤에 한 일', '학원 다니는 시간' 등과 같이 일상을 함께 공유할 수 있는 주제도 좋다.

'아침밥'을 주제로 출석 부르기를 하다 아이들의 삶의 민낯을 발견한 적도 있다. 아침밥을 먹지 않고 오는 아이들이 학급의 절반에 육박하기도 하고, 또 어떤 아이는 '공기, 물'만 먹었다고 대답하고 또 어떤 아이는 '엄마의 욕'을 먹었다고 대답하기도 했다. 한바탕 웃고 지나가지만 어쩐지 마음이 싸해지기도 한다. 아이들의 삶을 이해할 수 있다는 면에서 학기 초 선생님들에게 꼭 필요한 놀이다. 또한 이렇게 '스토리가 있는 이름 알기'는 학생들에게 자신도 누군가에게 의미 있는 존재가 된다는 기쁨을 느끼는 소중한 시간이 된다.

(6) 차례대로 앉기

서클 모임을 진행할 때 열기 놀이로 활용한다. 수업 주제와 관련 지어 활용할 수도 있다. 움직임이 계속 일어나고, 서로에게 관심을 갖고 지켜봐야 차례대로 앉기가 가능하기 때문에 상대에 대한 관심을 불러일으키기 좋은 놀이다.

■ 놀이 규칙

1. 다 같이 둥그렇게 앉아서 간단하게 인사를 나눈 후, 서로를 이해하는 데 도움이 될 수 있는 내용 중에서 한 가지를 정하고 정해진 방법대로 다시 둥그렇게 앉는다. 예를 들어 서로 별칭을 소개하고 그 별칭의 자음과 모음 순서에 따라 차례대로 앉는다.

2. 처음에는 서로 별칭을 물어 보고 대답하면서 확인해서 앉는다. 단, 주어진 시간이 그렇게 길지 않기 때문에 빨리 확인해서 앉아야 한다. 어느 정도 됐으면 진행자의 "그만!"이라는 소리와 함께 모두 그대로 자리에 앉는다. 이때 진행자는 뿅망치를 들고 있다 자리에 앉지 않고 움직이는 사람에게 가볍게 자극(?)을 준다.

3. 다 앉았으면 자음, 모음 순서대로 정확하게 앉았는지 첫 번째 사람부터 마지막 사람까지 차례대로 자기 별칭을 말하게 한다. 다 맞았다면 칭찬해 주고 다음으로 넘어가고, 중간에 차례가 맞지 않았다면 다시 두 번째 기회를 준다. 단, 이때는 서로 말을 하거나 신호 같은 것을 보내지 말고 자기가 기억하고 있던 대로 판단해서 적당한 자리에 앉는다.

4. 어느 정도 됐으면 진행자의 "그만!"이라는 소리와 함께 그대로 자리에 앉는다. 그런 다음 첫 번째 사람부터 마지막 사람까지 다시 한 번 자기 별칭을 말해 본다. 만약 이번에도 차례가 맞지 않았다면 세 번째 도전으로 다시 차례대로 앉기를 해 본다.

5. 한 가지 내용을 가지고 몇 번 만에 한 사람도 틀리지 않고 정해진 방법대로 앉을 수 있나 해 본다. 별칭 대신 이름이나 생년월일, 지난 학년의 반 번호, 전화번호, 내가 생각하는 이상적인 몸무게, 결혼하고 싶은 나이, 내가 살 수 있는 나이, 행복지수 등으로 다양하게 바꿔서 진행할 수 있다. 자연스럽게 서로에 대해 이해하며 친밀감을 높일 수 있다.

차례대로 앉는 데에 집중하기보다 상대의 이야기를 경청하는 데 주안점을 두고 진행한다.

서로에 대해 관심을 갖도록 하는 것이 목적인 놀이이기에, 모인 대상에 따라 어떤 주제를 주고 차례대로 앉게 할 것인지를 잘 생각해야 한다. 진행자가 주는 주제에 따라 모여서 순서를 정하기 때문에 아이들이 어떤 주제로 모였을 때 서로에 대해 더욱 잘 알게 될지를 고민하여 정한다. 주제에 따라 모이는 것이 중요하지 순서를 정해 앉는 것은 중요하지 않다. 순서를 정하는 것은 주제에 따라 모인 사람들이 어떤 사람들인지를 정하는 과정에서 좀 더 세밀하게 알고자 하는 의도이다. 따라서 순서가 틀렸다고 해서 잘못했다고 생각할 이유도 없다.

2. 상황에 맞게 말하기

상황에 맞게 말을 할 때 고려해야 할 것은 말하는 목적과 말을 듣는 사람, 그리고 그 상황을 이루는 분위기다. 이 모든 것을 고려해야 말을 잘할 수 있다. 그렇지만 무엇보다 말하는 사람이 먼저 갖춰야 할 배경지식으로는 듣는 사람에 대한 정보, 상황에 대한 판단, 상황에 어울리는 내용 선택을 할 수 있는 능력과 같은 것이다.

이 놀이에서는 대화 상황 이전에 갖춰야 하는 것들에 대한 학습까지는 불가능하다. 학생들에게도 그런 능력을 갖추기 위해선 끊임없이 독서하고 주변에 대해 관심을 가져야 한다는 것을 일러 줘야 한다. 특히 듣는 사람에 대한 배려와 관심은 대화 상황을 구성하는 요소 중 가장 중요한 것임을 알려 줘야 한다.

상황에 맞게 말하기 위해서는 먼저 상황을 설정하고, 설정된 상황에 맞게 말하는 연습을 하는 것이 좋다. 이 연습으로 적당한 놀이는 연극 놀이다. 여기서 모든 연극 놀이를 소개할 수는 없고, 교실 상황에 가장 손쉽게 적용할 수 있는 놀이를 몇 가지 소개하겠다.

(1) 의자에서 일으켜 세우기

이 놀이는 어떤 상황을 가상으로 만들어서 의자에 앉아 있던 사람을 반드시 일어나야만 하는 상황으로 만드는 일종의 연극 놀이다. 앉아 있는 사람이 억지로 일어나는 것이 아니라 일어날 수밖에 없도록 상황을 연출해야 한다. 이 놀이를 하는 과정에서 '상황'에 대한 이해와 '상황'에 맞게 이야기하는 방법을 연구하게 된다.

■ 놀이 규칙
1. 빈 의자를 준비한다.
2. 교사가 빈 의자에 앉는다(교사가 아닌 학생이 앉아도 좋으나 말하는 상황을 판단하기 위해서 교사가 앉는 것이 좋다).

3. 도전자가 상황을 만들어 의자에 앉아 있는 교사를 일으켜 세우면 도전 성공이다.
4. 학생들 중 교사를 일으킬 자신이 있는 사람이 앞으로 나온다. 도전자가 많으면 순서를 정해서 차례대로 도전하도록 한다.
5. 상황을 만들어 연기한다.

예를 들면 도전자가 교실 문밖으로 나가 문을 "똑똑!" 두드린다. 교사가 누구냐고 물으면 도전자가 "택배입니다. 물건 수령하세요."라고 했는데, 교사가 지금 머리를 감고 있으니 물건은 문 앞에 두고 가라고 하면 도전 실패다. 그런데 도전자가 "착불인데요."라고 하고, 교사가 의자에서 일어나 머리를 수건으로 동여매는 시늉을 하고 문 밖에 있는 택배 물품을 수령하고 돈을 지불하면 도전 성공이 된다.

'절반의 성공'으로만 인정하는 경우도 있다. 도전자가 "지금부터 20○○학년도 입학식을 시작하겠습니다. 내빈께서는 모두 자리에서 일어나 주십시오."라고 해서 자리에서 일으켜 세우기는 했다. 그러나 이것은 대화로 이끌어 낸 것이 아니므로 절반의 성공으로 간주했다.

도전자가 상대방을 일으켜 세우더라도 그 사람을 화나게 한 경우에는 실패로 한다. 예를 들면 도전자가 웨이터와 같은 동작을 취하며 가까이 와서, "실례지만 손님, 여긴 예약석입니다. 다른 자리로 옮겨 주십시오."라고 말했다. 이에 교사가 "예약석이란 말씀을 하지도 않았고, 표시도 없었는데요."라고 말한다. 그때 웨이터가 "그렇지만 여긴 예약석이거든요. 옮겨 주세요."라고 말을 하면,

교사는 손님의 입장에서 화를 내면서 자리를 옮기거나, 지배인을 불러 달라고 하거나, 다시는 이 식당에 오지 않겠다고 하고 나가 버린다. 이런 경우는 실패다.

지금까지의 예는 모두 실제 수업 상황에서 나온 경우다. '의자에서 일으켜 세우기 놀이'를 하며 학생들은 실제 상황에서 상황에 맞게 말하는 방법과 요소를 쉽게 이해하게 된다.

(2) '그래' 놀이(긍정적인 반응 이끌어 내기 놀이)

이 놀이는 어떤 상황을 가정한 후 그 상황에서 말하기 상대와 대화하여 상대방으로부터 긍정적인 반응을 이끌어 내는 놀이다. 연극 놀이에 이런 놀이가 있는지는 모르겠으나 대화를 끌어 갈 수 있는 힘은 상대방의 긍정적인 반응을 이끌어 내는 것이므로, 상대에 집중하며 상황을 긍정적으로 끌어 낼 수 있는 힘을 기를 수 있는 놀이다.

가상의 상황에서 자신의 의견에 상대방이 공감할 수 있도록 말할 수 있다면 실생활에서 상황에 맞는 말을 할 수 있는 건 아주 쉬울 것이다. 이 놀이에 성공하기 위해서는 상황을 만드는 창의력과 상대방을 자신에게 공감하도록 설득할 수 있는 능력이 필요하며, 말하기에서 공감을 얻기 위해 상대방의 마음을 먼저 배려해야 한다는 사실도 깨달을 수 있다.

더 나아가 설득의 심리나 화법에 대한 공부로도 연결될 수 있다. 이 놀이를 하다 보면 설득의 상황이 주로 학생들의 고민과 갈등 상황으로 정해지기 때문에 학생들의 공감과 적극적인 참여를 유도할 수 있다. 이때, 교사는 설득의 대상자 역할을 하고 학생들은 도전자가 된다. 이 놀이를 경험하고 나면 학생들은 자신들의 실제 삶에도 적용할 수 있다는 자신감을 얻게 된다.

■ 놀이 규칙
1. 기본적으로 두 사람이 마주 본다. 상황에 따라 여러 사람이 앞에 나와 있을 수도 있다.
2. "그래" 하는 말을 이끌어 내야 할 사람(도전자)이 교사에게 자신이 마음속으로 설정한 상황에 맞게 먼저 말을 건다. 이때 도전자가 말을 거는 사람이 반드시 교사일 필요는 없다. 그러나 학생들의 경우 이 놀이를 승패가 있는 게임으로 착각해 "그래" 하는 긍정적인 반응을 보여야 함에도 계속 말꼬투리를 잡는 경우가 있다. 그래서 편의상 교사로 설정한 것이다.
3. 도전자가 설정한 상황에 따라 교사는 계속 대화를 한다.
4. 대화를 하다 도전자가 설정한 상황이 합당하고 상대방의 공감을 이끌어 내는 분위기로 대화가 흐르면서 상대방이 "그래" 하는 긍정적인 반응이 나오면 도전 성공이다.
5. 대화를 많이 하면서 억지로 상대방으로부터 긍정적인 반응을 이끌어 내려고 하면 도전 실패로 간주한다. 학생들 중엔 대화를 하다 자신의 생각이 상대에게 받아들여지지 않으면 화를 내거나 떼를 쓰는 경우도 있다. 이 상황도 '상황에 맞게 말하기'의 좋은 표본이 된다.

상대방에게 긍정적인 반응을 이끌어 내려면 나보다는 타인을 바라보고 배려해야만 가능하다. 타인을 바라보고, 배려한다는 것은 타인에게 관심을 가질 때 자연스럽게 나올 수 있는 것이다. 이런 것을 놀이를 통해 스스로 깨닫게 할 수 있다.

3. 서로 다른 '아'

이 놀이는 '아'라는 말 하나가 상황에 따라 얼마나 다양하게 쓰이는지를 경험하게 한다. 같은 말도 상황과 맥락에 따라 각기 다른 의미를 가질 수 있으며, 결과적으로 소통은 말로 전해지는 의미도 중요하지만 상황과 맥락을 이해하는 것이 더 중요한 것임을 알고 상대에게 집중하는 것이 필요하다는 것을 깨닫게 된다.

예를 들어 다음 상황에서의 '아'는 어떤 의미인지 살펴보자.

1. 엄마가 아침에 깨운다. "○○야. 빨리 일어나. 학교 늦겠다." "아(정말 일어나기 싫은데)."

2. 선생님이 "○○야. 너 오늘 주번이잖아." "아(몰랐던 사실을 이제야 알았다)."

3. 화장실에서 앞사람이 나오기를 기다리다 "아(급해요. 빨리 좀 나오세요)."

이밖에도 무궁무진한 '아'가 있다. 다른 단어들 역시 예외는 아니다. 연인끼리 '사랑한다'고 말하는 것과 교장 선생님이 훈화 중 '여러분을 사랑합니다'고 말할 때의 '사랑한다'가 듣는 사람에게 전달하는 심리적 간극은 실로 엄청나다. 전자의 '사랑한다'는 한 사람의 생을 흔드는 엄청난 힘을 가진 말이지만 후자의 경우 조회가 빨리 끝나기를 바라는 학생들에게는 지루하고 상투적인 말놀음에 불과하다.

이 놀이를 하면서 다양한 상황을 연출하는 상상력과 표현법을 익힐 수 있겠지만, 그와 더불어 언어의 본질에는 기호 이전에 존재하는 인간의 행위가 수반된 다양한 상황이 있음을 발견하는 깨달음을 얻을 수도 있다. 그리고 행위가 진실해야 그 상황을 담은 언어도 진실성과 진정성을 가질 수 있음을 깨닫게 된다.

(1) 쉽게 알아맞히도록 잘 표현하기

■ 놀이 규칙
1. 교사는 학급의 모둠 대표나 분단 대표를 뽑아 앞으로 나오게 한다.
2. 교사가 준비한 상황을 대표에게 보여 준다.
   다쳤을 때 '아'
   선생님이 숙제 냈을 때 '아'
   산에 올라가서 '아'
   노래방에서 화음 넣을 때 '아'
   무서운 영화를 보고 '아'
   애교를 부릴 때 '아'
3. 대표로 나온 학생은 상황에 맞는 표정과 몸짓을 연기하며 '아'라는 말을 사용한다. 이때 '아' 말고 다른 말을 쓰면 안 된다.
4. 나머지 학생들은 어떤 상황인지 알아맞힌다.

모둠 대표나 분단 대표는 몸으로 표현하는 표현력이 길러지고, 맞히는 학생들은 상상력이 발휘된다. 표현한 것을 맞히는 과정에서 전혀 엉뚱한 대답들도 나오는데, 그것 또한 웃음의 요소가 된다. 엉뚱한 대답을 한 사람에게 그 동작을 한 번 표현해 보라고 해도 일방적이지 않아 자연스러운 발표를 끌어 낼 수 있다.

(2) '아' 상황 많이 만들기

1. 교사는 학생들에게 주어진 시간 안에 모둠이나 분단별로 '아'라는 말만으로 상황을 표현할 수 있는 장면을 최대한 많이 준비하게 한다.
2. 주어진 시간이 끝나면 모둠별로 돌아가며 자신들이 준비한 상황을 하나씩 표현한다.
3. 더 이상 '아'라는 말만으로 상황을 표현하는 장면을 보여 주지 못하는 모둠은 중간에 탈락한다. 맨 마지막까지 '아'라는 말만으로 상황을 만들어 내는 모둠이 이긴다.

이 놀이를 하다 보면, 세상에 이렇게도 많은 '아' 상황이 있었나 싶고, 아이들이 가진 상상력의 끝은 어디일까 궁금해지기도 한다. 이때는 교사의 칭찬 기술이 들어가야 아이들이 수업 시간에 자신의 생각을 두려움 없이 잘 표현하게 된다. 다소 억지스러운 상황이라도 유연하게 받아들이면 이후의 수업 시간부터는 아이들이 자신의 생각을 스스럼없이 발표하는 계기가 되기도 한다.

4. 친구 알기 놀이

(1) 네 마음이 보여

이 놀이는 친구끼리 말을 하지 않아도 마음이 통하는 기쁨을 느낄 수 있는 놀이다. 짝을 바꿀 때 활용하면 재밌다. 짝이 되고 싶은 친구를 선택하게 한 뒤 둘이 텔레파시가 통하여 맞으면 짝이 되고 그렇지 못하면 기회 상실!

■ 놀이 규칙
1. 두 사람씩 짝을 지어 등을 맞대고 선다. 그 상태에서 서로의 체온과 호흡을 느껴 보도록 한다.
2. 그다음 '출발' 신호에 따라 각자 앞으로 천천히 걸어간다.
3. 어느 정도 걸어가다 자기 짝이 이때쯤 뒤를 돌아볼 것 같다는 생각이 들면 재빨리 뒤로 돌아서서 멈춘다. 하지만 서로 같은 순간에 돌아보지 않았다면 처음부터 다시 한다.
4. 서로의 마음을 읽지 못했더라도 어떤 약속을 정하거나 신호 같은 것을 보내지 말고 서로에 대한 느낌을 믿고 끝까지 해 본다.

불가능할 것 같은데 이 놀이를 여러 번 하다 보면, 어느덧 짝과 바라보는 순간이 있다. 이 순간을 아이들은 놀라워하고 기뻐한다. 상대에 대해 마음을 기울였을 때 어떤 일들이 벌어지는지를 이 놀이를 통해 경험할 수 있다.

(2) 친구 찾기 놀이

1) 인간 보물찾기

이 놀이는 학급의 급우들에게 관심을 갖게 하는 데 도움이 되는 놀이다. 학기 초 학급 세우기 활동, 단합 활동 등으로 다양하게 활용할 수 있다.

'인간 보물찾기'는 활동지에 적힌 사람들을 찾아가는 놀이로,

평소에 한 번도 말을 해 보지 않았거나 잘 몰랐던 사람들끼리 말도 걸고 활동도 하며 그 사람이 가진 여러 가지 특성들을 확인하면서 서로를 알아 가는 놀이다. 활동을 하다 보면 자신이 속한 사회에 무관심했던 자신을 발견하고 반성의 시간을 갖고, 그것을 계기로 반 친구에 대해 관심을 가질 수 있는 계기가 만들어진다.

■ 놀이 규칙
1. 교사는 학생들에게 미리 준비한 활동지를 하나씩 나눠 준다.
2. 학생들에게 각자 활동지에서 요구하고 있는 학생을 찾아서 그 이름을 활동지에 쓰게 한다. 이때 활동지 이름 열에는 똑같은 사람을 두 번 이상 쓸 수 없다.
3. 활동지를 다 채운 학생은 교사에게 활동지를 제출한 후 자기 자리에 돌아가 앉는다.
4. 모두 자리에 앉으면, 친구를 찾지 못해 칸이 비어 있는 경우 공개적으로 친구를 찾는 시간을 준다.

〈표1〉 인간 보물찾기 활동지 사례

인간 보물찾기   이름 : (   )
활동이 시작되면, 돌아다니면서 주어진 질문의 내용에 맞는 사람을 찾아 각 질문의 이름 칸에 그 사람의 이름을 적으세요. - 한 사람에게 한 가지 질문만 할 수 있습니다. 칸을 다 채운 사람은 선생님에게 제출하세요.

질 문	이 름
1. 이름(성명) 속에 자기 이름과 같은 글자가 1개라도 들어 있는 사람 1명을 찾으세요.	
2. 생일이 나와 같은 달[月]에 있는 사람 1명을 찾으세요.	
3. 혈액형이 나와 같은 사람 2명을 찾으세요.	① ②
4. 신발 사이즈가 나와 같은 1명을 찾으세요.	

5. 우리 반 친구들의 이름을 7명 이상 외우고 있는 사람 1명을 찾으세요.		
6. 학교에 나오는 것이 즐거운 친구 1명을 찾으세요.		
7. 따돌림 당하는 친구를 위로해 본 적이 있는 사람 1명을 찾으세요.		
8. 산 정상에 올라 야호(함성)를 해 본 사람 1명을 찾으세요.		
9. 책을 읽거나 영화를 보면서 눈물을 흘려 본 적이 있는 사람 1명을 찾으세요.		
10. 자발적으로 불우한(곤란한) 처지에 있는 사람을 도와 본 사람 2명을 찾으세요.	①	②
11. 초등학교 때의 일기장을 아직 보관하고 있는 사람 1명을 찾으세요.		
12. 좋아하는 연예인이 나와 같은 사람 1명을 찾으세요.		
13. 장래 희망 직업이 나와 같은 사람 1명을 찾으세요.		

■ 유의 사항

남녀 합반인 경우 이성의 이름을 잘 쓰지 않으므로 문항 중 6개 이상은 반드시 이성의 이름을 쓰라고 지시한다. 활동지를 다 채운 학생은 교사에게 제출한 후 본인의 자리에 앉도록 지시해야 교실 분위기가 산만하지 않고 학생들이 얼마나 활동을 완료했는지 잘 알 수 있다. 다 못 한 사람이 3~4명 정도 되더라도 활동지를 제출하고 자리에 앉도록 하며, 다른 학생이 쓴 활동지를 그대로 옮겨 쓰지 않도록 주의를 주어야 한다. 활동지는 친구에 대한 관심을 유도하는 내용으로 구성해야 활동의 의도와 잘 맞아떨어진다. 수업 내용에 맞게 응용하는 것이 좋다.

이 놀이의 활동지에 나오는 물음은 나와 관련된 것도 있지만, 가치 있는 일을 한 사람을 찾는 내용도 있다. 이 놀이를 하며 나와 같은 것을 가지고 있는 사람을 찾는 것은 친해질 수 있는 친구를 찾는 활동이며, 가치 있는 일을 한 친구를 알아 가는 것은 나의 배움을 이끌 수 있는 친구를 찾는 의미 있는 활동이 된다.

2) 종이 1장으로 친해지기

서로 잘 모르는 사람들이 모인 곳에서 친근한 분위기를 빨리
조성하고자 할 때 진행하면 좋다.

■ 놀이 규칙

1. 교사는 미리 준비한 백지와 필기구를 학생들에게 하나씩 나눠 준다.
2. 학생들에게 백지를 열십자로 4등분 하게 한다.
3. 교사가 칸마다 들어갈 수 있는 조건을 하나씩 설명하고, 학생들은 거기에
   맞는 친구들의 이름을 최대한 많이 적는다.
   예) "첫째 칸에 자신과 사는 동네가 같은 사람."……
      "넷째 칸에 혈액형이 같은 사람."
4. 칸마다 제한 시간을 두고 시간이 다 되면 다 같이 다음 칸으로 넘어가도록
   진행한다.
5. 친구들의 이름을 찾아 적는 활동이 모두 끝나면 학생들을 자리에 앉게 한다.
6. 교사는 칸마다 들어가는 조건에 포함되는 경우를 불러 주고 해당되는 학생
   은 자기 자리에서 일어나게 한다. 예를 들면, "A형 일어나.", "B형 일어나."
   이런 식으로.
7. 교사는 일어난 학생들의 이름과 수를 칠판에 적고, 학생들은 각자 자신과
   함께 일어난 다른 친구들의 이름을 몇 명이나 적었는지 확인한다.
8. 이렇게 확인해서 친구들 이름을 가장 많이 찾아 적은 학생을 뽑아서 칭찬
   한다.

이 놀이는 '인간 보물찾기'의 변형으로, 내면적인 질문보다 외
형적으로 드러나는 부분으로 접근해 단시간에 친밀감을 형성하
기 위한 방법으로 적절한 놀이다. 자기와 같은 공통점을 가진 사

람을 찾기 위해 적극적인 행동이 요구되기도 한다. 큰 소리로 외치면서 돌아다니면 훨씬 많은 사람과 만날 수 있기 때문이다. 놀이가 끝난 후 소감 나누기나 발표 시간을 통해 미처 찾지 못한 친구들을 다 함께 찾아보는 시간을 가지면 더욱 좋다.

(3) 이런 사람 움직이세요

이 놀이는 자신이 가진 경험이나 특성을 다른 사람에게 소개하고, 같은 경험이나 특성을 가진 사람을 확인하면서 사람 사이의 내면을 자연스럽게 들여다볼 수 있는 놀이다. 이 놀이를 통해 서로의 경험을 이해하게 되고 같은 경험을 지닌 친구에게 친밀감을 느낄 수 있다. 또한 자기가 겪어 보지 못한 경험에 대해서도 알게 되어 경험의 폭을 넓힐 수 있다.

■ 놀이 규칙: 모둠별로 진행할 때

1. 한 모둠을 10명 정도 해서 둥그렇게 서게 하고, 술래를 한 사람 뽑는다. 처음에는 교사가 술래를 하는 것이 좋다.
2. 술래는 원 가운데에 자기가 서 있을 만큼의 작은 원(술래 집)을 바닥에 표시한다. 다른 사람들도 자기가 서 있는 자리에 같은 크기로 원(자기 집)을 표시한다.
3. 술래가 "나는 ○○ 해 본 적이 있다."라고 자기가 경험한 내용을 이야기한다. 다른 사람들은 술래가 말한 내용을 경험한 적이 있으면 재빨리 술래 집을 한 발로 찍고 자기 집이 아닌 자기처럼 움직이고 있는 다른 사람 집으로 빨리 옮긴다. 이와 동시에 술래는 그렇게 움직이는 사람들의 빈 집을 빨리 찾아가면 된다. 경우에 따라서는 경험이 아닌 자신의 특성을 말하기도 한

다.

4. 움직이는 사람들 중 순간적으로 들어갈 집이 없는 사람은 술래 집으로 들어가서 새로운 술래 역할을 한다.

5. 예를 들어 술래가 "나는 지각해서 선생님께 야단을 맞은 적이 있다."라고 하면 이에 해당하는 사람은 술래 집을 밟고 이동하고 있는 다른 사람의 빈 집으로 가야 한다. 그런 적이 없으면 그대로 자기 집에 서 있으면 된다. 물론 거짓으로 하면 이 놀이는 끝이다.

■ 놀이 규칙: 수업 시간 반 전체를 대상으로 진행할 때

1. 책상을 전부 뒤로 밀고 의자만 빼서 둥그렇게 앉는다.

2. 자기 집을 그리는 대신 자기 의자에 앉고, 다른 집을 찾아가는 것은 다른 사람 의자로 옮겨 앉는 것이다.

3. 자리를 옮길 때는 반드시 원 가운데를 통과해서 움직인다. 바로 술래가 되지 않으려고 옆자리나 근처 자리로 옮겨 앉는 경우엔 놀이가 재미없어진다. 원 가운데는 표시를 내지 않는다. 표시를 바닥에 내게 되면 많은 학생이 동시에 움직이다 다칠 수도 있기 때문이다.

■ 유의 사항

경험을 말할 때는 처음엔 누구나 경험하거나(오늘 아침 밥 먹고 온 사람 움직이세요!) 재밌는 경험(선생님한테 거짓말로 숙제해 왔다고 해 본 사람)으로 시작해서 진지한 경험(왕따 당해서 울어 본 사람)으로 나가도록 유도하면 자연스럽게 학생들의 고민을 알게 되는 경우도 있고, 같은 고민을 가진 학생들이 서로의 마음을 이해하고 다독이기도 한다.

다른 사람 앞에서 발표를 하는 것은 떨리고 어려운 일이다. 그래서 1년 내내 발표 한 번 하지 않는 학생들도 있다. 놀이는 발표라는 형식이 아니기에 놀이를 하면서 여러 사람 앞에서 자연스럽게 발표하는 기회를 갖게 되면 수업에서 발표하는 데 자신

감을 갖게 된다. 또한 자신과 경험이 같은 사람들을 확인하는 과정에서 자신의 경험에서 얻은 상처를 치유하기도 하고, 같은 경험을 가진 사람들이 있음을 알고 그들에게 친밀감을 느끼기도 한다.

(4) 손님 모셔 오기

놀이를 하면서 서로 어색한 사이라도 손을 잡고 이동하는 과정에서 가까워지게 할 수 있는 놀이다. 음악과 함께 시작해 음악이 끝남과 동시에 걸리도록 하면 더 재밌다. 아이들이 좋아하는 음악을 배경으로 깔아 주면 더 신나게 움직인다.

■ 놀이 규칙
1. 교사는 학생들에게 책상을 뒤로 밀게 하고 의자를 꺼내 앉게 한다.
2. 교사가 학생들과 함께 있다 빠져 나오며 자리 하나를 비운다.
3. 교사가 "이제 제가 있었던 자리의 양옆 사람은 손을 잡고 가서 다른 친구 한 명을 모셔다 앉히세요."라고 지시한다.
4. 빈 자리의 양옆 사람이 손을 잡고 다른 학생을 데려와서 앉힌다.
5. 데려온 손님의 자리가 비면 다시 그 양옆에 앉은 사람들이 손을 잡고 다른 친구 1명을 데려다 앉힌다.
6. 위와 같은 방법으로 몇 번 반복하다 빈 자리를 하나 더 만들면 더 재밌고 빠르게 진행된다. 단, 이때 한쪽만 비어 있는 사람은 손님으로 모셔 올 수 없다.
7. 자연스럽게 끝내도 좋지만 노래를 부르다 끝날 때 움직이는 사람에게 벌칙을 주면 재밌다. 교사가 적당한 때 노래를 끊어서 벌칙을 유도할 수도 있다.
8. 남녀 합반인 경우 여학생이 짝이 되어 손님을 모셔 올 경우 남학생을, 반대인 경우엔 여학생을 데려오는 것을 규칙으로 삼으면 자연스럽게 남녀의 자

리가 섞인다. 남녀가 짝이 되어 손님을 모셔 올 때는 성별 구별 없이 데려올
수 있다.
9. 이 놀이는 자연스럽게 자리를 섞을 때 사용하면 좋다.

이성 친구를 데려와야 할 때 미리 좋아하는 친구 말고 한 번도
말을 해 보지 못한 친구나 친해지고 싶은 친구를 데려오라고 하
면 아이들의 부담이 줄어들어 편하게 데려올 수 있다. 이왕이면
손을 꼭 잡고 데려오도록 하거나, 그것이 불가능하다면 옷자락이
라도 잡고 오라고 하면 좀 더 친밀감을 느끼게 된다.

(5) 좋아 좋아

이름을 익히는 데 좋은 놀이이면서, 놀이를 하면서 오묘한 감
정까지 느낄 수 있는 아주 독특한 놀이다.

■ 놀이 규칙

1. 교사는 한 모둠을 10명 정도로 해서 모둠별로 원을 만들어 앉게 한다.
2. 다 함께 4박자 리듬에 맞춰 한 박자씩 순서대로 무릎 치기, 손뼉 치기, 오
   른손 엄지 세우기, 왼손 엄지 세우기를 하면서 각자 좋아하는 친구 이름을
   말한다.
3. 세 번째 박자 오른손 엄지 세우기를 할 때 좋아하는 친구 이름을 "○○"이
   라고 말하고, 바로 다음 네 번째 박자 왼손 엄지 세우기를 할 때 "좋아" 하고
   말한다.
4. 이름이 불린 학생 ○○은 리듬에 맞춰 세 번째와 네 번째 박자에 "나도 좋
   아." 또는 "나는 싫어."라고 답한다.
5. "나도 좋아."라고 답이 나오면, 모두 같은 리듬에 맞춰 세 번째 박자에 "잘

해 봐라!", 네 번째 박자에 "밀어 줄게."라고 말한다. 좋아하는 친구 이름을 부른 학생은 이름을 불린 친구가 "나는 싫어."라고 답할 때까지 동일한 리듬에 맞춰 좋아하는 친구 이름을 계속 말해야 한다.

6. "나는 싫어."라는 답이 나오면, 모두 리듬에 맞춰 세 번째와 네 번째 박자에 "그럼 누구?"라고 좋아하는 친구 이름을 묻는다. 그러면, "나는 싫어."라고 답한 학생은 자신이 좋아하는 다른 친구를 그 다음 세 번째와 네 번째 박자에 맞춰 "□□ 좋아."라고 말한다.

아이들이 서로의 이름을 잘 모르는 학기 초에는 불가능한 놀이지만, 이름을 다 아는 상태에선 반 전체가 다 같이 앉은 자리에서 할 수도 있다. 서로 얼굴을 보지 않더라도 이름은 알고 있기 때문이다. 이성 친구의 이름을 부르게 하는 규칙을 정해도 재밌다. 남녀 합반인 경우 동성 친구의 이름만 부를 가능성이 높다. 그럴 땐 규칙을 정해서 하면 된다.

설명만 읽으면 아주 단순해서 재미없을 것 같지만, 남녀 합반일 경우에는 색다른 분위기를 주는 놀이다. 좋아하는 감정이 없이 단순히 '좋아'라고 하는데도 거기에 감정이 들어가기도 한다. 그래서 이 놀이로 2시간 넘게 놀기도 한다. 체험학습을 가서 밤새워 이 놀이로 논 경우도 있는데, 갔다 온 후 학급의 단결력이 이루 말할 수 없이 좋아진 경험이 있다.

(6) 혼자 왔습니다!

집중력과 순발력을 길러 주고 진행 과정 속에서 생기는 실수와 성공을 통해서 나오는 자연스러운 웃음으로 긍정적인 인간관계 형성을 돕는 놀이다. 이 놀이는 손을 잡고 '○○ 왔습니다'를 말해야 하기 때문에, 그 과정에서 친밀감이 생겨난다. 모둠별 단합이나 반 전체의 단결심을 도모할 때 쓰면 좋다.

■ 놀이 규칙

1. 모둠별 대항전으로 해도 되고 반 전체가 해도 된다.
2. 교사는 학생들에게 책상을 모두 뒤로 밀고 둥그렇게 원을 만들어 의자에 앉게 한다.
3. 먼저 숫자를 몇까지 할 것인지를 정한다.
4. 만약 '다섯'까지로 정했다면 첫 번째 사람이 제자리에서 일어나면서 "혼자 왔습니다."라고 말하고 앉는다. 그러면 그 사람이 앉자마자 그 오른쪽 옆에 있는 두 사람이 같이 손을 잡고 일어나면서 "둘이 왔습니다."라고 말하고 앉는다. 또 두 사람이 앉자마자 그 옆에 있는 세 사람이 같이 손을 잡고 일어나면서 "셋이 왔습니다."라고 말하고 앉는다.
5. 계속해서 같은 방법으로 다섯 사람이 일어나서 "다섯이 왔습니다."라고 말하고 앉으면 그 옆의 네 사람이 일어서면서 "넷이 왔습니다."라고 한다. 숫자를 다섯으로 제한했기 때문에 다시 반대로 하면 된다. 그렇게 해서 마지막으로 한 사람이 "혼자 왔습니다."라고 하면 끝난다.

■ 유의 사항

1. 속도가 일정해야 하며, 일어나는 사람과 외치는 숫자가 맞지 않으면 틀린 사람부터 다시 "혼자 왔습니다."라고 하면서 처음부터 시작한다.
2. 숫자는 사람 수에 따라 달라질 수 있으며, 중간에 아무도 틀리지 않고 성공하면 계속해서 숫자를 올려서 한다.

박자에 맞춰 흐름을 이어 가야 하기에 놀이판에 집중해야 한다. 함께 마음을 맞추는 과정이 필요하기에 이 놀이를 성공했을 때 성취의 기쁨이 커진다. 프로젝트 수업을 할 때 모둠 구성 단위가 크거나 갈등을 줄이고 함께 협력하는 분위기를 만들고 싶을 때 하면 좋다.

5. 장애 체험

일상에서 나와 다른 사람을 이해하는 것은 어려운 일이다. 그럴 땐 이해의 폭을 넓히기 위해 나와는 다른 삶을 체험해 보면 아주 짧은 순간, 조금이라도 그 입장을 이해할 수 있다. 그런 기회를 주는 활동을 소개한다.

(1) 안 보이는 사람 인도하기

이런 놀이를 한 번 해 봤다고 해서 장애우에 대한 이해가 깊어질 것이란 생각은 하지 않는다. 다만, 눈을 감은 상태에서 장애물이 있는 곳을 걸어다니는 것이 얼마나 두렵고 무서운가를 한번 느껴 보라는 것이다. 또한 인도하는 사람도 말을 하지 않고 다른 사람에게 의사소통을 하는 것이 얼마나 어려운 것인지 직접 느껴 볼 수 있는 활동이다.

■ 놀이 규칙
1. 장소는 수업 시간 45분(또는 50분)을 고려할 때 실외보다는 실내를 택한

다. 도서관이나 강당이 좋으나, 교실도 책상을 뒤로 밀고 앞 공간을 이용하면 크게 불편하지 않다.

2. 눈을 가릴 천이나 안대를 준비한다. 보건실에 있는 압박붕대 2롤이면 8개가 나온다.
3. 모둠 인원은 5-6명 정도가 적당하다.
4. 모둠원 중 한 사람을 제외하고 나머지 사람은 눈을 가린다.
5. 앞에 책상과 의자를 이용하여 장애물을 만든다.
6. 눈을 가린 사람들은 어깨에 손을 얹고 한 줄로 늘어서고, 눈을 가리지 않은 사람은 늘어선 줄의 맨 마지막에 선다.
7. 준비가 다 되면 장애물을 돌아 원래 위치로 돌아오는데, 눈을 가리지 않은 사람은 말을 할 수 없고 손짓으로만 의사를 전달해야 한다. 손짓은 미리 모둠원과 약속을 해야 한다. 예를 들면 오른팔을 잡으면 오른쪽으로 방향 전환, 등을 톡톡 두드리면 전진, 등을 잡으면 멈춤 등으로 약속을 한다.
8. 약속에 따라 눈을 가린 사람들을 인도하는데, 눈을 가린 사람들 역시 서로 말을 하지 않고 어깨에 얹은 손으로 방향이나 전진, 후퇴, 멈춤을 일러 준다.
9. 다 돌아오면 활동이 끝난다.

눈으로 보기에는 몹시 쉬운 코스지만 앞이 안 보이고 말을 할 수 없는 상태로 가야 할 때는 눈앞에 무엇인가 있을 것 같은 두려움이 들고 다칠 것 같은 생각이 든다. 여기서 얻은 깨달음은 앞으로 장애우를 이해하고 더불어 사는 삶을 사는 데 작지만 큰 깨달음으로 남아 있을 것이다.

(2) 눈 감은 친구와 함께

이 놀이는 눈을 감은 친구 뒤에서 어깨를 잡고 진행자가 요구

〈그림1〉 시작하기 전 눈을 가리는 모습

〈그림2〉 한 바퀴 돌기 시작하는 모습

〈그림3〉 한 바퀴 돌기 진행 중 모습

〈그림4〉 한 바퀴 돌기가 거의 마무리되는 모습

하는 대로 움직이는 활동이다. 눈을 뜨고 있을 때는 움직이는 것에 대한 두려움이 없지만, 눈을 감는 순간 세상은 온통 두려움으로 휩싸인다. 그때 뒤에서 인도해 주는 도움이가 얼마나 든든한 존재인가를 몸으로 깨닫게 된다.

■ 놀이 규칙

1. 두 사람씩 짝을 정해서 한 사람은 눈을 감고 또 다른 한 사람은 그 뒤에 서서 어깨를 잡고 '도움이'가 된다.
2. 눈을 감은 사람은 다른 사람들과 부딪치지 않도록 손을 자기 몸 옆에 붙인다.
3. '도움이'는 눈을 감은 사람 뒤에 서서 어깨를 잡은 상태로 선생님의 지시에 맞춰서 움직인다. 이때 '도움이'는 자기의 짝이 다른 사람이나 벽, 물건 등에 부딪치지 않도록 주의한다.
4. 선생님은 "천천히 걸으세요!", "빨리 걸으세요!", "천천히 뛰세요!", "빨리 뛰세요!" 등 여러 가지 상황을 만들어 준다. 아니면 머리를 만지면 곧장 앞으로 가기, 왼쪽 어깨를 치면 왼쪽으로 돌기, 오른쪽 어깨를 치면 오른쪽으로 돌기, 두 어깨를 치면 바로 멈추기 등으로 신호를 정한다. '도움이' 스스로 친구를 움직이게 할 수도 있다.
5. 짝과 역할을 바꿔서 해 본다.
6. 목표물을 정하고 그곳에 있는 과자나 과일 등을 찾는 것도 재미있다. 집중력과 도전의식 그리고 다른 사람에 대한 큰 믿음이 바탕이 되어야 정확하게 할 수 있다.

장소는 역시 교실에서 공간을 마련하거나 넓은 장소를 선택한다. 다치는 사고가 없도록 주의를 잊지 말아야 하고 자칫 소란스러워지거나 장난스러워지지 않도록 사전에 교육하고 시작한다. 이 놀이를 통해서 앞을 보지 못하는 사람의 어려움을 느낄 수도 있고 뒤에 있는 '도움이'가 자신을 안전하게 이끌어 준다는 믿음

〈그림5〉 도움이가 잘못 인도하면 친구가 넘어지기도 한다.

〈그림6〉 도움이가 인도를 잘 해야 다른 사람들과 부닥치지 않고 잘 갈 수 있다.

의 중요성도 이해하게 된다. 활동 후에 반드시 소감을 나누며 믿음이 없을 때 훨씬 더 두려움과 불안함을 느끼게 된 사례를 소개한다.

(3) 입 모양 보고 알아맞히기

입 모양만을 보고 말을 알아맞히기 위해서는 경청과 집중이 필요하다. 역으로 경청과 집중이 있으면 소리가 없어도 무슨 말을 하는지 안다. 경청과 집중은 상대에 대한 배려가 있어야 우러나오는 것임을 놀이를 하면서 깨닫게 한다.

■ 놀이 규칙
1. 귀를 막게 해도 되지만 교사가 소리 내지 않고 입 모양만으로 의사를 전달하여 알아맞히게 하는 것이 더 효과적이다.
2. 교사나 학생이 앞에 나와서 문제를 내고 맞히게 하는 방법도 있고, 같은 줄의 학생들이 답을 뒤로 전달해 맨 마지막에 제대로 전달되었는지 확인하는 방법도 있다.
3. TV 프로그램인 〈가족오락관〉에 나온 놀이를 응용한 것으로, 같은 단어나 문장을 각 줄의 첫 주자에게 보여 주면 뒷사람에게 소리 내지 않고 입 모양만으로 전달하는 것이다. 맨 마지막 사람이 나와서 칠판에 자신이 알아들은 말을 적는다.
4. 전달 과정에서 절대 소리를 내지 않는 것을 규칙으로 만들고 몸짓이나 표정은 상황에 따라 사용 여부를 정해도 된다.
5. 칠판에 적힌 다양한 답을 보며 전달 과정에서 느낀 점과 들리지 않으면 얼마나 불편한지 등 소감을 함께 이야기해 본다.

이 놀이는 다른 장애 체험 놀이와 마찬가지로 장애인의 날을 기억할 수 있는 놀이로 활용하면 좋다. 모둠 대항 놀이, 분단 대항 놀이로 활용할 수도 있다. 수업 내용과 관련한 단어나 문장들로 구성하여 수업 도입 시 흥미 유발 놀이로 사용할 수도 있다. 그러나 장애에 대한 이해와 공감을 목표로 하는 수업이라면 장난스럽게 변질되지 않도록 주의한다.

(4) 손과 발이 없다면?

잘 사용하는 손을 인위적으로 못 쓰게 한다거나, 다리 한쪽을 사용하지 못하게 하고 어떤 활동을 하게 하면 사용하지 못하는 신체에서 오는 불편함이 더욱 크게 느껴진다.

■ 놀이 규칙
1. 오른손잡이는 왼손으로, 왼손잡이는 오른손으로 글씨를 써 보게 한다. 입이나 발로도 써 보게 한다. 글씨를 쓰는 체험도 좋고 숟가락질을 해 보는 체험도 괜찮다.
2. 압박붕대로 한 팔을 감거나 다리를 묶어 놓고 수업을 진행할 수도 있다. 이때 함께 물건 쌓기, 협동화 그리기, 이어달리기와 같은 모둠 활동을 적용하면 효과가 크다. 모둠 활동을 하며 불편함도 여럿이 함께하면 극복할 수 있다는 협동, 협력의 중요성을 동시에 깨닫게 할 수 있다.

장애를 극복한 사람에 대한 이야기를 읽거나 영상물을 본 후 체험활동으로 이 놀이를 적용해 볼 수 있다. 놀이 후 소감 나누기를 통해 불편함과 장애를 극복하거나 도울 수 있는 방안에 대한 토의 수업을 진행할 수 있다. 협력의 힘을 말로만 이해하는 것이 아니라 몸을 통해 직접 느껴 봄으로써 그 교육적 효과를 최대화 시킬 수 있는 놀이다.

4장

협력할 수 있는 능력

인간의 본성은 협력하는 것이다. 그런데 입시 때문에 교실 안에 있는 친구가 경쟁자로 여겨진다. 첨단 시대로 갈수록 놀이는 시대의 부작용을 치유할 수 있는 매체다. 인간이 존재하면서부터 생겨났을 놀이가 시대에 뒤떨어지기는커녕 시대의 문제를 해결할 수 있는 가장 좋은 도구 같다.

놀이는 혼자 할 수 없다. 성별·나이·지위·인종·언어 그 어떤 것도 '호모 루덴스'로서의 놀이를 방해하지 못한다. 놀이판을 만들고 유지하기 위해선 협력해야 한다. 이것이 놀이가 가진 놀라운 힘이다.

1. 토론하기

토론하기 수업은 많은 교사가 시도하고 있으나, 여전히 어려운 부분이 있다. 이 수업을 진행하려면 기존의 토론 방식의 종류와 규칙에 대한 선행학습이 있어야 하고 낯설고 어려운 토론 용어를 소개하여 쓰도록 해야 한다. 그뿐인가. 주상의 근서를 마련하기 위한 논거 수집 작업 또한 만만찮은 시간과 노력이 필요하다. 게다가 아이들 또한 자신의 생각을 논리적으로 정리하고 말하기까지 얼마나 고된 사고 작업을 해야 하나 걱정과 한숨부터 앞선다. 이렇게 되면 교사나 학생 모두에게 토론은 더 이상 즐거운 수업이 아니다.

그러나 엄격한 토론 규칙이 적용되는 토론장에서 자신의 의견을 논리적으로 피력하며 살아갈 사람은 그리 많지 않다. 우리 삶에서 이루어지는 토론이란 대부분이 일상적으로 만나는 사람들과 일상적인 대화로 이루어진다. 이런 점에서 기존의 삶과 동떨어진 토론 수업에 대한 반성과 대안이 필요하다는 생각이 들었다. 물론 기존 토론 방식에서 얻을 수 있는 학습 효과를 가볍게 보아서는 안 되지만 말이다.

어찌 보면 의사소통 활동은 일종의 놀이다. 상황과 목적에 따라 어휘 선택, 문장구성, 어조, 몸짓, 태도, 해야 할 말과 해서는 안 될 말, 그리고 적절한 발언 시간 등 모든 것이 그때그때 상황에 따라 달라진다. 그 언어 상황에 빠진 사람은 잘 느끼지 못하지만, 밖에서 바라보고 있노라면 일종의 놀이 상황처럼 보이기도 한다. TV로 토론 프로그램을 시청할 때를 생각해 보면 쉽게 이해가 될 것이다.

이제 토론을 놀이로 해 보겠다는 시도에 걱정과 의심의 눈초리를 살짝 거두어 주었으면 한다. 아이들이 토론도 놀이처럼 재밌고 일상적인 삶 속에서 이루어지는 언어 게임이라는 것을 깨닫게 하는 것이 토론의 입문 과정에서 놓쳐서는 안 될 점이기 때문이다.

(1) 우리 편 만들기 놀이 1

이 놀이는 토론 주제를 놓고 같은 의견을 가진 사람들끼리 주장과 근거, 반박 논리 등을 준비하고 상대편과 번갈아 발언의 기회를 가진 후, 상대편을 설득하여 자기편으로 만드는 놀이다.

실제로 교실에서는 토론 수업이 잘 이루어지지 않으며, 몇몇 학생이 발언권을 독점하는 경우가 많다. 또 복잡한 토론 방식이나 발표 방식은 토론에 익숙지 못한 학생들을 심리적으로 위축시켜 활발한 분위기를 이끌어 내기 어려운 경우가 많다.

토론을 놀이로 하면 무거운 주제에도 쉽게 접근해 자신의 의견을 말할 수 있다. 자신과 의견이 같은 집단이 모여 함께 이야기하는 과정에서 자신의 생각을 더욱 보완할 수 있으며, 모든 사람이 다 토론에 참여할 수 있다. 또한 상대방의 마음을 얻기 위해 어떤 반론을 제시해야 할지도 자연스럽게 터득하게 된다. 여기에 소개한 '우리 편 만들기' 놀이는 기존에 있는 토론 방법을 수업에 쓰기 좋도록 변형하여 만든 놀이다.

강당에서 하면 좋으나 강당이 없는 경우 교실에 있는 책상을 한 곳으로 밀어 놓고 빈 공간을 만든다. 빈 공간을 반으로 나눠 줄을 긋는다. 둘로 나뉜 공간을 찬성과 반대 공간으로 정한다. 처음엔 자유롭게 흩어져서 시작한다.

■ 놀이 규칙

1. 토론 주제를 정한다.
2. 찬성과 반대 중 자신의 입장을 정한다.
3. 신호가 울리면 자리를 옮긴다.
4. 입장을 정하지 못한 사람은 가운데로 모인다.
5. 입장이 같은 사람들이 모여 자신들의 입장을 정리하고, 상대편과 입장을 정하지 못한 사람들을 설득하기 위한 토의를 한다.
6. 각 편 대표가 상대편과 입장 정리를 못 한 사람들을 향해 설득하는 말하기를 한다.
7. 말하기가 끝나면 다시 자리를 움직인다. 자리를 움직일 때 가운데 모인 사람들도 자신의 입장에 맞는 쪽으로 움직인다.
8. 설득하고 움직이는 활동을 두세 번 정도 한 후 마지막으로 자리를 움직이도록 한다.
9. 모두 앉아 있는 상태에서 처음의 입장을 바꿔 자리를 움직인 사람들을 일으켜 세우고, 누구의 어떤 말 때문에 마음이 움직였는지 발표하도록 한다.
10. 많은 사람을 자기편으로 끌어들인 쪽이 이긴다.

■ 유의 사항

1. 교실의 책걸상을 모두 뒤로 밀고 앞에 앉아서 실시해야 움직임이 좋다.
2. 찬성과 반대뿐 아니라 입장을 정하지 못한 사람들이 앉을 자리도 마련해야 한다. 학생들이 남의 의견을 듣고 생각이 바뀌는 과정을 잘 관찰할 수 있기

때문이다.
3. 찬성과 반대 측은 모두 대표를 정해서 자신들의 입장을 말해야 한다. 그러나 질문이 들어오면 아무나 답변할 수 있도록 해야 원활하게 논의를 진행할 수 있다.
4. 상대편의 설명을 듣다가 궁금한 점이나 반박할 내용이 있으면 설명이 끝난 후 바로 질문하거나 말할 기회를 줘야 토론이 활발해진다.
5. 처음에 있던 자리에서 입장을 바꿔 상대의 자리로 간 사람의 생각과 바뀐 이유를 꼭 들어 보아야만 이 활동의 의미를 잘 살릴 수 있다.

토론을 목적으로 한 단원뿐 아니라 텍스트를 읽다 토론할 만한 주제가 도출되는 경우에도 이와 같은 활동을 적용할 수 있다. 토론거리를 찾는 과정에서 비판적 사고력을 기를 수 있고, 토론의 내용을 준비하는 동안 논리적 사고와 주장과 근거의 관계, 타당성과 합리적 사고에 대한 학습도 이루어진다. 그리고 토론의 실제 과정을 경험함으로써 다른 사람을 설득하는 말하기의 기술을 습득하게 해 주는 활동이다.

다음은 실제로 수업 시간에 했던 사례다. 영화 〈웰컴 투 동막골〉에서 국군 장교 표현철(신하균 분)이 풀썰매를 타다 풀밭에 누워서 지난 일(한강 폭파 명령을 들었는데 피난민 때문에 상사에게 항명한 일)을 회상하며 괴로워하는 장면을 보여 줬다. 그러고는 자신이 표현철이라면 다리를 폭파할 것인지, 안 할 것인지 생각해서 결정하도록 했다. 잠시 후 다리를 폭파할 사람과 하지 않을 사람으로 나누어 모이게 하였다. 그러고는 생각이 같은 사람끼리 의논하여 자신들의 의견을 뒷받침할 수 있는 이유와 근거를 마련하도록 했다. 입장을 정하지 못한 사람들도 따로 모이게 하였다. 일단 입장을 정한 사람들은 상대방과 입장을 정하지 못한 사람들을 상대로 자신들의 의견과 그 근거를 서로 의논하여 정한 후 설득하게 했다. 설득하기가 끝나면 다시 시간을 주고 자리를 옮기도록 했다. 이때 입장을 정하지 못한 사람들도 움직이도록 하였다. 이런 과정을 세 번 정도 한 후 입장을 바꾼 학생들을 일으켜 세워서, 왜 입장을 바꾸게 되었는지, 누구의 말을 듣고 바꾸었는지, 혹은 스스로 고민하다 바꾸었는지를 확인했다. 이런 과정을 통해 아이들은 상대방을 설득하기 위해서는 어떤 논리를 펼쳐야 하는지 직접 눈으로, 몸으로 체험하게 되었다.

(2) 우리 편 만들기 놀이 2

토론 주제를 정할 때는 아이들로부터 다양한 의견을 모으는 것이 중요하다. 주로 아이들의 관심사가 나오지만 시사적인 주제가 나오기도 한다. 의견을 내지 못하는 경우엔 문제의식을 느끼도록 읽기 자료나 영상물을 보여 주기도 한다.

이 토론 방식은 주장에 대한 근거 자료 없이 자신의 가치관이나 평소 상식만으로 발언할 수 있는 주제가 아닌, 사전 준비 작업이 필요한 주제에 적합하다.

■ 놀이 규칙

1. 학급마다 토론 주제를 2개씩 정한다. 주제 1개당 찬성과 반대로 편을 나누고 과제로 자기주장과 논거를 수집해 오도록 한다.

2. 수업 시작 전 책걸상을 뒤로 밀어 놓고 바닥에 선을 긋는다. 예를 들어 '두발 규제' 찬·반팀은 칠판 쪽 의자에 편을 갈라 앉는다. 다른 주제인 '수준별이동 수업' 찬·반팀은 자유롭게 교실 바닥에 앉아 자연스럽게 배심원이 된다.
3. 먼저 발언할 편을 결정한다. 발언의 순서와 발표 내용은 같은 편끼리 발표시작 전 협의하여 정하도록 한다. 참가자 전원이 모두 발표하는 것이 원칙이나 예외를 둘 수도 있다.
4. 발언은 한 번씩 번갈아 가며 하고 발언 내용은 상대편 주장에 대한 심문과반론으로 한다. 발언 제한 시간을 두어도 좋다.
5. 한 번씩 발언이 끝날 때마다 배심원(다른 주제로 토론하는 팀)들은 그어 놓은 선을 기준으로 옳다고 생각하는 쪽으로 이동할 수 있다. 발언 횟수는 상황에 맞게 바꿀 수 있다. 예를 들어 두 번씩 번갈아 발표한 후에 이동 시간을 주어도 된다.
6. 이때 사회자는 교사가 맡는 것이 좋다. 사회자의 역할은 일반적인 토론 방식의 경우와 같다.
7. 중간에 같은 팀끼리 작전 회의를 할 수 있는 시간을 주어 배심원을 우리 편으로 끌어모으는 전략을 세우게 한다. 또 배심원에게 질의응답할 수 있는시간을 마련하는 규칙을 추가해도 괜찮다.
8. 최종 발언이 끝난 후 배심원을 자기편으로 많이 끌어들인 팀이 이기는 것으로 한다.
9. 승패가 갈리면 발표자와 배심원의 역할이 바뀐다.

이 놀이는 중간에 배심원들의 이동 시간이 있기 때문에 발언하는 사람들에 대한 평가가 바로바로 이루어진다. 그래서 발표자나 배심원 모두 토론에 집중하게 되는 장점이 있다. 이동 과정에서 일어나는 여러 가지 의외성으로 웃음이 자주 유발되며, 몸을 움직이며 수업에 참여하므로 지루하지 않고 역동적이다.

또 모든 학생이 토론자의 입장과 배심원의 입장을 경험해 볼

〈그림1〉 두발 규제를 주제로 찬반을 나누어 한 명씩 번갈아 가며 발언을 하고
있다.

〈그림2〉 교실 바닥에 앉아 있는 학생들이 배심원이다. 열심히 발표자가 하는 말
을 경청하고 있다.

수 있다는 면에서 앞선 '우리 편 만들기 놀이 1'과는 다르다. 자신의 논리를 주장하고 상대를 설득하여 우리 편으로 끌어들이는 데 집중하다 보면 자칫 토론 분위기가 경쟁적으로 흐르고 자신의 입장만을 옹호하다 말싸움으로 번질 수도 있다. 배심원의 역할을 통해 균형 잡힌 사고와 판단력을 배우면 토론자의 입장이 되어서도 편협한 논리나 극단적 주장을 펼치는 것이 오히려 타인을 설득하는 데 방해 요인이라는 것을 저절로 깨닫게 되기도 하다.

2. 토의하기

토의하기는 어떤 문제에 대해 구성원들의 합리적인 의견을 끌어내는 말하기다. 토론하기보다 쉽게 수업을 이끌 수 있으나, 학생들을 토의에 끌어들여 발표하게 하기까지 과정이 쉽지는 않다. 요즘 학생들은 수업 시간에 말은커녕 생각도 잘 하려고 하지 않고 정답만 알고 싶어 해서 교사들이 몹시 난감해한다. 억지로 토의하게 하면 몇몇 공부 잘하는 학생들만 뻔한 이야기를 해서 교사는 재미없고, 학생들은 지겹고 짜증이 나는 수업이 된다. 이런 난감한 수업을 쪽지를 이용한 놀이로 조금만 변형하면 학생들이 재미있어하고 적극적으로 참여하는 수업으로 만들 수 있다.

(1) 게시판 토론

토론이라는 제목이 붙어 있으나 토론보다는 토의에 해당하는 회의 방법이다. '어떤 문제'에 대한 합리적이고 대중적인 해결 방안을 찾을 때 이용하면 좋다.

게시판 토론은 참가자의 의견을 '쪽지'에 적어 '게시판'에 붙이면서 토의하는 방법이다. 토의 주제에 대한 참가자들의 생각을 쪽지에 적은 후 준비된 게시판에 붙이면 토의에 참가하는 사람들이 모두의 의견을 확인할 수 있고, 함께 토론에 참가할 수도 있다. 게시판 토론은 10명 정도씩 모둠으로 만들어서 한 사람이 진행을 할 수 있다. 여기서는 교사들이 게시판 토론의 방식을 정확하게 알고 있어야 변형이 가능하기 때문에 토론 방법을 상세히 소개하겠다.

■ 놀이 규칙
1. 준비물 : 색카드(2~3가지 색깔을 같은 규격으로 준비), 상위개념 카드(다른 색 카드와 색이 달라야 함), 스티커(참가자 수보다 3배 더 많이 필요), 필기구(같은 색 필기구를 참가자 수만큼 준비), 물음표, 번개 표시, 전지. 스프레이 풀, 테이프. 요즘은 진행의 편의를 위해 색카드를 포스트잇으로 사용한다.
2. 토론할 주제를 정한다.
3. 진행자를 정한다.
4. 주어진 주제에 대해 참가자는 자신의 의견을 2~4개의 카드에 작성한다. 문장으로 작성해도 되나 되도록 단어로 쓰는 것이 좋다. 예) 토론 주제: 청소가 잘 안 되는 이유. 카드의 내용: 도망가는 사람, 긴 종례 시간, 방과 후

수업 등.

5. 다른 사람이 작성하는 카드를 보지 않도록 한다.

6. 진행자는 사람들에게 받은 카드를 고루 섞는다.

7. 진행자가 카드를 1장씩 읽으면서 비슷한 의견별로 분류해 게시판에 붙이는데, 의견마다 참가자의 생각을 물어 보면서 붙인다.

8. 참가자가 낸 의견 중에 엉뚱한 의견이 나왔을 땐 진행자는 번개 카드를 덧붙여 게시판 한쪽에 붙인다. 예를 들면, 청소가 잘 안 되는 이유에 대한 의견을 내라고 했는데 '종례 왜 해요?'와 같은 의견이 나오면 물음표와 같은 카드 모양을 만들어서 붙이고, 이런 유의 의견들도 그 카드 밑에 붙여 분류한다.

9. 다 붙인 후 비슷한 의견의 묶음 맨 위에 상위개념을 참가자들끼리 의논하여 카드에 적어 붙인다. 소수 의견은 상위개념을 적지 않아도 된다. 예) 사람: 도망가는 사람, 안 하고 논다, 주번이 가만히 있다, 친구를 기다리는 사람.

10. 진행자가 쉬는 시간에 게시판에 붙인 카드의 내용을 의견 집약표에 새로 작성한다.

11. 의견 집약표 위쪽에는 상위개념을, 아래쪽에는 빈 공간을 두고 참가자가 가장 중요하다고 생각하는 상위개념에 스티커를 붙이도록 한다. 진행자는 참가자들에게 스티커를 상위개념 수의 반만큼씩 나눠 준다. 예) 상위개념에 '사람', '시간', '학교', '도구' 이렇게 4개인 경우 스티커를 2개씩 나눠 주고, 각자 가장 중요하다고 생각하는 상위개념에 스티커를 붙이도록 한다.

12. 가장 많은 스티커가 붙은 것이 중요한 의견임을 알 수 있다.

13. 주제에 따라 해결 방안까지 게시판 토론 방식으로 진행할 수 있다. 예) '사람'에 스티커가 가장 많이 붙었을 경우, 주제를 '모두가 청소를 열심히 하도록 하는 방안은 무엇일까?'로 해서 게시판 토론을 할 수 있다.

14. 게시판 토론이 끝난 후 참가자들이 모두 모여 종합적으로 토론한다.

게시판 토론이 좋은 점은 참가자의 의견을 한눈에 볼 수 있고, 움직임과 시각적인 자극이 있기 때문에 참가자들이 지속적으로 토의에 집중할 수 있다. 또한 문제 해결에 대한 참신한 생각을 발굴할 수 있으며, 소수 의견도 모두 제시할 수 있어 민주적인 토의를 할 수 있다.

그러나 참가자가 10명이 넘을 경우에는 모둠을 나눠서 해야 하기에 불편한 점이 있다. 학교에서 할 경우 진행자가 교사 한 사람밖에 없어 정확한 게시판 토론 방식으로 수업에 적용할 수는 없다. 교사가 변형하여 실시해야 한다.

(2) 쪽지로 생각 나타내기

게시판 토론의 변형으로, 어떤 문제에 대해 여러 사람의 생각을 이야기하는 것도 넓은 의미에서 토의라고 볼 수 있다. 학생들에게 어떤 문제에 대해 자신의 생각을 이야기하라고 하면 간단하게 "몰라요, 아무 생각이 안 나요…." 등으로 답하는데, 이럴 때 쪽지에 자신의 생각을 적어서 칠판에 붙이게 하면 말로 표현하지 못한 생각과 느낌을 적는다. 이것 역시 토의하기 방식으로 권할 만하다.

■ 놀이 규칙
1. 교사가 모든 학생에게 먼저 생각을 적을 쪽지를 나누어 준다.
2. 어떤 글을 읽고 난 생각이나 주제에 대한 자신의 생각을 쪽지에 적도록 한다.
3. 쪽지를 다 썼으면 칠판에 붙이도록 한다.
4. 교사는 칠판에 붙은 쪽지를 하나씩 떼어 내면서 읽은 후, 내용에 따라 분류를 하며 다시 정리하여 붙인다. 예를 들어 이육사의 삶에 대해 학생들이 자신의 생각을 적은 쪽지를 칠판에 붙인 것을 떼어 내어 하나씩 읽으며, 지사의

삶에 대한 생각과 시인으로서의 삶에 대한 생각을 분류하여 다시 붙인다.
5. 이렇게 읽고 분류하는 과정에서 다른 사람의 생각을 적극적으로 듣게 되고, 어떤 문제에 대해 어떻게 의견이 나오는지 알게 된다.

이육사의 삶을 독립운동가로서의 삶과 시인으로서의 삶으로 나누어 소개하고, 학생들에게 관련한 글을 읽게 한 뒤 느낌을 이야기해 보도록 했지만 제대로 되지 않았다. 그래서 생각을 쪽지에 적게 하고 칠판에 붙인 후 모든 쪽지를 읽어 주었다. 이렇게 모두의 생각을 함께 공유한 후 자신의 생각을 다시 정리하게 하였다.

또한, 같은 시대를 산 시인인 한용운 · 윤동주 · 서정주의 삶과 시 세계에 대해 조사한 후 자신의 생각을 쪽지에 쓰게 했다. 같은 방법으로 쪽지를 칠판에 붙여 세 시인에 대한 긍정적인 평가와 부정적인 평가를 공유했다.

쪽지로 생각 나타내기는 학생들에게 자신과 다른, 혹은 같은 친구들의 생각을 읽으며 자신이 한 생각에 대해 다시 한 번 되새기고 다른 사람의 생각을 폭넓게 알 수 있는 기회가 된다.

이 방법은 소설을 읽고 감상을 나누는 활동에도 적용할 수 있다. 〈사랑손님과 어머니〉로 수업을 진행한 적이 있는데, 이 작품은 '사랑'을 주제로 다양한 생각의 차이를 발견하고 가치관과 사고방식의 다양성을 배울 수 있는 기회를 주었다.

학생들에게 종이를 나누어 준 후 사랑 손님과 어머니의 사랑에 대해 자신의 생각을 쓰도록 했다. 이때 옥희 입장, 어머니의 입장, 아저씨의 입장, 외삼촌의 입장에서 쓰는 것도 허용했다. 다 쓴 후 칠판에 테이프로 붙이는데, 칠판에 미리 두 사람의 사랑에 대한 '찬성'과 '반대'란을 줄을 그어 나누어 놓았다.

아이들은 자신이 쓴 의견에 맞게 찬성과 반대란에 종이를 붙였다. 다 붙인 후 종이를 하나하나 떼어 내서 읽고 분류한 후 각각 제목을 붙였다. 반대 입장에서 분류하면, '당시 사회상을 보면 이루어질 수 없다.'(관습), '친구의 아내와 결혼할 수는 없다.'(인륜), '옥희의 장래를 생각하면 어머니가 참아야 한다.'(자식) 등으로 분류한 후 거기에 대한 쪽지를 제목 밑에 붙여 놓았다. 찬성도 마찬가지로 '사랑은 어쩔 수 없는 감정이다.'(인간 본성), '옥희에게 아버지가 필요하다.'(자식), '어머니가 외동딸과 살기엔 세상이 너무 힘들다.'(현실적인 이유) 등을 붙였다.

이렇게 붙인 종이를 보면 한눈에 어느 쪽으로 의견이 가장 많이 모였는지 보였다. 그 결과를 놓고 여러 사람의 의견을 나누어 본다. 종이를 하나하나 읽으면서 분류하다 보면 다른 사람의 의견을 충분히 생각하고 듣게 된다. 그것만으로도 이 활동은 의미가 있다. 아이들은 나누어진 의견을 바탕으로 자신의 생각을 다시 한 번 정리할 수 있다.

이 놀이는 토론 수업에 적합한 놀이라고만 생각했는데, 한 문제에 대한 여러 사람의 생각을 알아보는 데도 적절한 놀이였다. 칠판에 종이쪽지를 붙여 놓으니 어느 쪽에 얼마나 많은 의견이 있는지 한눈에 보였다. 그리고 사람들의 의견을 읽으면서 분류

〈그림3〉 찬성과 반대로만 나누어 붙여 놓은 쪽지들

〈그림4〉 내용을 분류한 후 다시 붙여 놓은 쪽지들

하다 보니 그 이유에 대한 분석도 같이 할 수 있어 다양한 생각을 엿볼 기회가 됐다.

3. 협의하기

협의는 일상생활에서 흔하게 이루어지는 의사소통 행위로, 여러 사람이 의견을 모아 공동의 이익을 추구하는 방향으로 문제를 해결하는 대화 방식이다. 협의 과정에서 의견이 다른 경우는 조정되고 갈등 상황이 해결되기도 한다. 협의하기를 통해 학생들은 문제를 해결하는 방법을 배운다.

(1) 난파선 놀이

난파선 놀이와 비슷한 놀이들이 인터넷 웹사이트 여기저기에서 돌아다닌다. 예를 들면 비행기가 조난된 경우나 배가 조난당했을 때 어떤 물건을 먼저 챙길 것인가의 순위를 집단 구성원들이 의논하여 정하는 놀이다. 의논하는 과정에서 협의가 잘된 모둠과 잘 안된 모둠은 결과에서 현저한 차이를 보이기도 한다.

이 놀이는 배가 난파된 것으로 가정하고, 살아남기 위해서는 어떻게 해야 할 것인지를 진지하고 극적으로 하기 위한 좋은 놀이다. 구성원이 문제 상황을 인지하고, 그 상황을 개인이 해결했을 때와 집단이 해결했을 때, 그리고 전문가가 해결했을 때 그 결과가 어떻게 달라지는지 오차의 수치를 통해 확연히 보여 준다. 이 놀이를 통해 협의의 뜻과 협의에 임하는 태도, 협의가 일상에서 어떻게 쓰이는지를 직접 체험할 수 있다.

- ■ 놀이 규칙
  1. 학생들은 먼저 교사가 나눠 준 활동지를 읽는다.
  2. 모둠 구성원은 난파된 상황을 공유한다.
  3. 어떤 물건을 먼저 챙길 것인지 협의하여 순서를 정한다.
  4. 순서가 정해지면 활동지에 순서를 적는다.
  5. 교사가 정답을 말하면 모둠원은 자신들이 작성한 활동지의 순서와 정답의 순서를 비교하여 오차를 계산한다.
  7. 오차의 결과와 자신들의 협의 태도에 대해 서로 의견을 나눈다.

7월 어느 날 우리는 비행기를 타고 가다 사하라 사막에 불시착했다. 엔진이 완전히 불에 타고 본체만 남았지만 승객들은 무사했다. 비행기 조종사는 추락 직전 비행기의 위치를 파악할 수 없었다. 단지 비행기의 위치를 알리는 계기에서 비행기 도착 예정 지점에서 120km 정도 벗어난 지점임을 알 수 있을 뿐이었다. 비행기 본체가 모두 불타기 전 비상시 필요한 물품 15개를 구할 수 있었다. 사막에서 우리가 살아남는 데 꼭 필요한 물품에 1위부터 15위까지 순위를 매겨 보자.

7월 어느 날 우리는 비행기를 타고 가다 사하라 사막에 불시착했다. 엔진이 완전히 불에 타고 본체만 남았지만 승객들은 무사했다. 비행기 조종사는 추락 직전 비행기의 위치를 파악할 수 없었다. 단지 비행기의 위치를 알리는 계기에서 비행기 도착 예정 지점에서 120km 정도 벗어난 지점임을 알 수 있을 뿐이었다. 비행기 본체가 모두 불타기 전 비상 시 필요한 물품 15개를 구할 수 있었다. 사막에서 우리가 살아남는 데 꼭 필요한 물품에 1위부터 15위까지 순위를 매겨 보자.

물건	개인		집단	
	순위	오차	순위	오차
탄알이 든 권총				
사막에서 식용할 수 있는 동물에 관한 책				
정제로 된 소금				
1인당 1L 물				
낙하산				
충분한 양의 붕대				
소주 4병				
사하라 지역 지도(항공)				
전등				
잭나이프				
개인당 가벼운 코트 1벌				
방수용 레인코트				
선글라스 두 쌍				
화장 거울				
나침반				
오차의 합				

  일단 사막에서 움직일 것인지 말 것인지를 결정해야 한다. 전문가들의 의견에 따르면 사막에서 조난을 당했을 경우에는 움직이지 않는 것이 안전하다고 한다.

순위에 나타난 순서 중 앞 순서는 생명을 유지하는 데 매우 중요하지만 뒤로 갈수록 순위가 중요하지 않으며 별 쓸모가 없다고 한다. 순서를 매기기는 했지만 크게 중요한 의미는 없다고 한다.

〈표2〉 교사용 정답 예시(사막 구조 전문가의 의견)

일단 사막에서 움직일 것인지 말 것인지를 결정해야 한다. 전문가들의 의견에 따르면 사막에서 조난을 당했을 경우에는 움직이지 않는 것이 안전하다고 한다.
순위에 나타난 순서 중 앞 순서는 생명을 유지하는 데 매우 중요하지만 뒤로 갈수록 순위는 중요하지 않으며 별 쓸모가 없다고 한다. 순서를 매기기는 했지만 크게 중요한 의미는 없다고 한다.

물건	순위
화장 거울	1 (빛의 반사로 구조를 요청한다)
개인당 가벼운 코트 1벌	2 (체온 유지, 체내 수분 증발 방지)
1인당 1L 물	3
전등	4
낙하산	5
잭나이프	6
방수용 레인코트	7 (물받이, 저장)
탄알이 든 권총	8
선글라스 두 쌍	9
충분한 양의 붕대	10
나침반	11
사하라 지역 지도(항공)	12
사막에서 식용할 수 있는 동물에 관한 책	13
소주 4병	14
정제 소금	15

모둠에 따라 집단 오차 값은 제각각 달랐다. 이 값을 놓고 평가를 해야 하는데, 교사의 역할이 여기서 발휘돼야 한다. 집단 오

차 값이 개인 오차 값보다 작은 모둠은 논의를 진지하게 잘한 모둠이며, 협의가 잘된 모둠이다. 개인 오차 값보다 집단 오차 값이 큰 모둠은 여러 가지 원인이 있는데, 모둠원들과 함께 이야기하다 보면 이유를 알 수 있다. 보통 건성으로 협의했거나, 어떤 사람이 고집을 부려서 협의가 안 된 경우 이런 값이 나온다. 이렇게 해석을 하다 보면 협의의 뜻과 협의에 임하는 자세, 상대에 대한 배려 및 상대를 설득할 수 있는 방법에 대해 직접 체험하고 느낄 수 있다.

(2) 잘라진 사각형

이 놀이는 자신의 입장보다는 상대의 입장에서 바라보는 눈을 키워 주는 놀이다. 서로 상대를 배려하고 협력해야 더 쉽고 빠르게 문제를 해결할 수 있음을 체험해 볼 수 있는 놀이다.

■ 놀이 규칙
1. 교사는 각각의 학생에게 A4 용지 1장과 자, 칼을 하나씩 나눠 주고 다음의 그림과 같이 3조각으로 자르게 한다. 너무 단순하거나 또는 너무 복잡한 모양이 되어서는 안 되며, 자신만의 독특한 모양이어야 한다.
2. 교사는 나눠 준 자와 칼을 걷고, 그림 조각을 모두 모아서 골고루 잘 섞은 다음 다시 한 사람당 3조각씩 나눠 준다.

〈그림5〉 잘라진 사각형

3. 교사의 "시작!" 신호와 함께 일정한 규칙에 따라 그림 조각을 처음 A4 종이 형태로 다시 완성하게 한다.

4. 다른 사람이 규칙에 따라 조각을 맞추는 동안 선생님이나 관찰자는 과정을 잘 지켜보면서 그 내용을 〈표3〉의 관찰지에 잘 기록한다.

5. 모두 완성됐으면 관찰자가 관찰한 내용을 이야기하고, 마지막으로 '잘라진 사각형' 놀이를 하면서 들었던 느낌을 한 사람씩 돌아가면서 이야기한다.

■ 유의 사항

1. 서로 말을 하거나 손짓 등의 신호를 사용할 수 없으며, 특히 자신에게 필요

한 것이 상대방에게 있다고 그것을 가져오거나 달라고 말을 하면 절대 안
된다. 단, 자신이 가지고 있는 조각 가운데 자신에게는 필요 없지만 상대방
에게는 필요하다고 생각될 때는 줄 수 있으며, 주는 것은 거부할 수 없다.
2. 협동 작업임을 강조하고, 시간을 재촉하거나 주의를 산만하게 하는 이야기
   는 하지 말아야 한다.
3. 이 놀이를 통해 아이들은 협동의 의미와 중요성을 알고, 한 사람 한 사람의
   역할이 매우 중요하다는 생각을 하게 된다. 곧 공동체 구성원 개개인이 모
   두 소중한 사람임을 깨닫게 되며, 공동체의 이익을 위해 개인으로서의 자기
   고집을 버려야 할 때가 있음을 배우게 된다.

〈표3〉 관찰지 예시

관찰 내용＼관찰 대상	불고	따공	벅스	야녀	오궁	룰랄	득이	반장	미시
1. 누가 자기의 조각을 기꺼이 남에게 주는가?									
2. 자신의 사각형이 완성된 뒤 다른 사람들의 활동에 무관심한 사람은 누구인가?									
3. 자기 것만 완성하려고 하고 남에게 주려고 하지 않는 사람은 누구인가?									
4. 머리를 써서 사각형을 완성하려고 열심히 하는 사람은 누구인가?									
5. 다른 친구를 도와주기 위해 규칙을 위반하는 사람이 있었는가?									
6. 자기 것에는 관심도 없고 남에게 주려고만 하는 사람은 누구인가?									
7. 집단에서 협력이 시작되는 때는 언제이며, 그 중요한 동기가 일어나게 된 요소는 무엇인가?									

이 놀이를 하다 보면 어떤 사람이 전체를 큰 판으로 보고 판단
하고 행동하는지, 큰 틀을 제대로 해결하기 위해 자신의 것을 양

보하는지 한눈에 보인다. 자신의 것만 고집하는 사람이 있을 경우 문제를 해결하기는 어렵다. 아이들은 이 놀이를 하면서 자신의 것만 고집하며 완성하려는 행동이 얼마나 잘못된 것인지를 알게 되고, 그러면서 공동체의 의미를 체득하게 된다. 집단 상담을 할 때나 이기적인 학생들을 지도할 때 사용하면 잔소리가 아닌 체험으로 깨닫게 할 수 있다.

(3) 화산 지대 통과하기

무한 경쟁 시대를 살아가는 우리 사회 구성원들에게 경쟁보다는 협력이 모두에게 이롭다는 것과 인간애의 아름다움, 신뢰와 협력의 힘을 깨닫게 해 줄 수 있는 놀이다. 수업 주제와 관련지어 활용해도 좋다.

■ 놀이 규칙
1. 진행자는 모둠원 수의 절반가량 되는 나무판자(신문지, 두꺼운 종이도 무방함)를 준비한다.
2. 도움을 주는 유일한 도구는 모두에게 각각 나눠 준 나무판자(생명의 배)가 전부다. 이 '생명의 배'를 이용해 안전한 곳까지 모두 살아서 가야 한다. 1명이라도 낙오자가 있어서는 안 되고, 배에서 떨어져서도 안 되며, 신체 일부가 꼭 생명의 배와 닿아 있어야 한다.
3. 출발선으로부터 출발해 주어진 나무판자를 사용하여 모둠원 전원이 안전 지대까지 도착해야 한다. 나무판자는 처음 출발하는 사람이 가지고 가서 뒤로 전달해도 되고 뒤에 남아 있는 사람이 앞쪽으로 전달해도 상관없다.
4. 모둠원 중 1명이라도 판자와 떨어질 때마다 판자를 한 개씩 빼앗는다.

1. 이동하는 과정에서 충분한 대화와 소통이 일어나야 안전하게 도착할 수 있다. 무리하게 이동하거나 빨리 이동하지 않도록 주의시킨다.
2. 여러 번 실패할 수 있으나 인내심을 가지고 끝까지 도전해서 목표를 달성할 수 있도록 해 보자. 서로 도움을 주고받음으로써 믿음도 키우고 협동심도 배울 수 있으며 성공의 보람과 성취감을 느낄 수 있다.

이 놀이를 할 때는 다음과 같은 스토리를 만들어 동기 유발을 하는 것이 좋다. 화산이 폭발해 외부와 고립된 상황이다. 이곳부터(출발선) 저기(도착선)까지는 화산 폭발로 인해 용암이 끓고 화산재가 날아다니며 열폭풍이 일어 도저히 살아 나가기 힘든 악조건이 된 상태다. 물론 다른 길은 없고 꼭 이 화산 지대를 통과해야만 살 수 있다. 우리 모두 안전하게 살아남으려면 서로 지혜를 모아 양보하고 배려하는 협력의 정신이 필요하다. 빨리 도착하는 것이 목적이 아니라 모두 다 함께 살아남는 것이 최우선 과제이다. 서두르고 우왕좌왕하거나 자기 생각만 옳다고 주장하다가 실수를 하게 되면 생명 줄인 나무판자를 잃게 되니 유념할 것.

5장

갈등을 관리하고
해결하는 능력

사람이 살아가다 보면 다양한 갈등 상황에 부딪히게 된다. 《학교를 개선하는 교사》에서 마이클 풀란과 앤디 하그리브스는 갈등이 없는 사회보다 갈등이 있는 사회가 발전적이라고 하였다. 이 말은 갈등의 존재를 말하는 것이 아니라, 갈등을 관리하고 해결하는 과정에서 조직의 발전이 나온다는 것을 의미한다고 할 수 있다.

여기에서는 갈등을 소재로 하는 놀이에서부터 갈등을 만들고 극복하면서 만들어지는 놀이, 갈등을 해결하는 놀이를 소개하겠다. 이 놀이들은 수업 속에서도 빛이 나겠지만, 수업 밖 학교의 다양한 상황에서도 사용할 수 있는 놀이들이다. 극놀이에는 시간이 많이 필요하기 때문에 학기 말 남는 시간을 이용하는 것이 좋다.

1. 그림으로 하는 극놀이

그림으로 하는 극놀이는 극의 모든 상황을 대사와 연기로 하는 것을 단순화시켜 그림으로 대신하도록 한 놀이다. 극의 중요한 순간이나 인물을 그림으로 표현하고 사람은 목소리로만 대사를 한다. 그림을 그리는 재미와 목소리 연기에서 나오는 감정 표현을 키울 수 있는 놀이다.

(1) 그림극

'그림'과 문학의 만남은 필연적이다. 많은 학생이 어렸을 때 글보다 그림으로 먼저 문학을 만났을 것이다. 문학을 그림으로 표현하는 것을 어려워하지 않는 이유도 아마 그 때문일 개연성이 크다. 소설의 중요한 장면을 추려 내서 그림으로 그리고, 그 장면에 맞춰 줄거리를 이야기하는 가운데 '이야기하기'의 즐거움을 찾을 수 있으며, 이야기 줄거리를 요약하는 방법을 익힐 수 있다.

구전 문학이 사라지고 있는 현실에서 그림으로 장면을 제시하며 소설의 줄거리를 말로 구연하는 그림극은 구전 문학의 재미도 동시에 느낄 수 있도록 해 준다.

■ 놀이 규칙

1. 소설에서 중요한 장면을 선정한다. 선정한 장면이 너무 적으면 볼거리가 적어지므로 되도록 많이 선정해야 한다.

2. 모둠별로 선정한 장면을 그림으로 그린다.
3. 그 그림에 맞춰 이야기를 간략하게 만든다.
4. 그림 뒤에서 이야기를 사람들에게 설명해 준다. 이때 변사가 등장인물의 대사를 목소리 연기로 들려 주어도 재미있다.

문학뿐 아니라 이야기나 줄거리가 있는 것들, 그림으로 표현하면 이해에 도움이 되는 학습 내용들을 그림극으로 만들면 이해도를 훨씬 높일 수 있고, 오래 기억할 수 있다. 요즘 유행하는 비주얼 싱킹도 이런 유라 할 수 있는데, 그림극은 비주얼 싱킹에 말로 하는 표현이 더 들어가 효과가 더 크다고 할 수 있다.

(2) 인형극

그림극과 같은 방법이나 그림 대신 인형을 만들어 이야기를 인형극으로 보여 주는 형식이다. 그림극이 줄거리 전달에 치중한 반면 인형극은 연극과 같이 대본을 만들어서 공연을 하는 활동이다. 이야기를 대본으로 만든 후 극을 이끌어 가는데, 인형으로 극을 이끌기 때문에 학생들은 목소리로만 대사를 전달한다. 학생들이 해설가를 이용해 극을 이끌어 가려고 하면 대사로 이야기를 이끌어 갈 수 있도록 지도를 해야 한다. 교실에서 할 경우 무대가 교탁이 되므로 교탁을 보자기로 덮어씌운 후 해야 무대 같은 느낌이 난다. 학생들이 교탁 밑에서 목소리를 내야 하기 때문에 교실 전체에 대사가 잘 전달되도록 하려면 마이크를 준비해야 한다.

■ 놀이 규칙

1. 소설의 양이 많으면 한 모둠이 인형극으로 만들기엔 시간이 모자란다. 그럴 땐 모둠 수만큼 나눈다.
2. 장면에 맞는 인형을 제작한다. 인형을 만드는 시간을 절약하기 위해 백표지로 인형을 그리고 배경도 백표지를 이용하면 되는데, 꼭 필요한 경우가 아니면 배경은 생략한다. 인형을 세우기 위해 인형 뒤에 나무젓가락을 붙인다.
3. 장면에 맞는 대본을 만든다. 소설 줄거리를 바탕으로 해서 대사로 이야기를 이어 나가도록 한다.
4. 모둠별로 교탁에 나와서 인형극을 한다.

■ 유의 사항

1. 무대는 교탁을 사용하면 되는데, 교탁을 그냥 사용하는 것보다 검정 보자기로 덮어서 인형이 눈에 확 띄도록 하는 것이 좋다.
2. 대본을 쓸 때 생략할 것은 과감히 생략하고 줄거리는 유지하되 글말이 아닌 입말로 고치도록 지도한다.
3. 인형을 너무 작지 않게 만들도록 한다.
4. 인형을 만들 때 나무젓가락을 가운데 놓고 인형을 앞면과 뒷면이 있도록 만들면 연기할 때 편리하다.
5. 조명은 교실 칠판 조명만 켜고 나머지는 다 끈다. 교실에 커튼이 있다면 커튼을 치고 해야 집중이 잘 된다.
6. 교탁 뒤에서 말로 연기를 하기 때문에 마이크가 없으면 들리지 않는다. 반드시 마이크를 준비하며, 효과음은 핸드폰이나 컴퓨터를 이용하여 내면 더욱 실감나는 인형극을 할 수 있다.
7. 큰 천으로 칠판을 가리면 인형극 하는 맛이 더 난다.

인형극을 하기 위해서는 스토리를 재구성하는 것이 일차적인 과제이고, 그다음이 인형을 제작하는 활동이다. 시간이 늘어지는 것을 피하기 위해 한 모둠을 4명씩 묶어서 스토리 구성팀과 인형

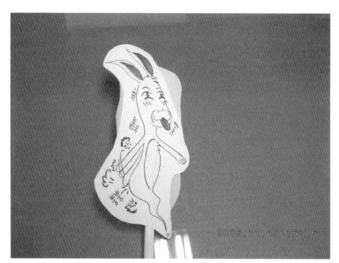

〈그림1〉 막대 인형극인 〈별주부전〉의 토끼

〈그림2〉 막대 인형극인 〈별주부전〉에 나오는 등장인물들

제작팀으로 나누면 역동적으로 활동할 수 있다. 나무젓가락에 종이인형을 붙여서 하기 때문에 학생들의 상상력에 따라 무대를 작게 만들기도 한다.

2. 몸을 도구처럼 사용하는 극놀이

극을 연극으로 만들려면 많은 시간과 준비물이 필요할 뿐더러 과정도 복잡하다. 준비물 없이 교실에 있는 물건만을 이용해 창의력과 상상력을 최대한 이용해 할 수 있는 것이 극놀이다. 준비물이 없기에 표현하고자 하는 상황을 최대한 창의력을 이용해서 만들어 내야 하며, 관객들 역시 상상력을 최대한 끌어 올려서 봐야 한다.

(1) 정지극(인체 조각)

정지극은 사람의 몸을 조각처럼 이용하여 표현하는 극이다. 어떤 상황을 주면, 사람을 조각물처럼 이용하여 그 상황을 표현하는 방법으로, 사람의 몸을 상황에 맞게 어떻게 표현할 것인지 창의력을 동원해야 한다. 또한 사람의 몸을 표현하는 데만 사용할 것인지, 아니면 사물을 표현하는 데에도 사용할 것인지도 판단해야 한다.

소설을 정지극으로 만들 때는, 소설의 줄거리에 따라 인상적인 몇 장면을 이어서 정지극으로 표현할 수도 있고, 인상적인 장면만을 뽑아서 그 장면만 정지극으로 표현할 수도 있다.

■ 놀이 규칙

1. 모둠별로 가장 인상적인 갈등 상황을 뽑아 정리해 본다.
2. 갈등 상황을 정한 후 등장하는 인물과 역할을 배분한다.
3. 인물이 정해지면 그 상황에 맞는 표정, 손짓, 발짓 등의 동작을 만든 후, 모둠원 전체가 조각처럼 정지 동작을 유지하는 연습을 한다. 이때, 조각 상태로 2~3분간 정지하는 방식이나 대사까지 곁들인 방식으로 할 수 있다. 후자인 경우 대사 준비와 연습까지 하도록 한다.
4. 앞에 나와서 조각 작품 발표회를 갖는다. 관람자들이 한목소리로 '하나, 둘, 셋, 찰칵'을 외치면 준비 자세를 취하다 정지 자세로 들어간다. 이때 관람자에게 어떤 장면인지 알아맞히게 하면 얼마나 표현력이 좋은지가 바로 드러나며, 모둠 평가까지 자연스럽게 이루어진다.
5. 대사를 만들어 하는 경우엔 정지 동작을 취한 후, 사회자가 조각을 순서대로 툭 치면 얼음이 풀리듯 자유롭게 움직이고 자신의 대사를 말한다. 이때 손으로 치지 않고 학생 이름이나 '사람 1, 2'로 번호를 만들어 불러도 된다. 자신의 대사를 마치면 다시 조각 상태로 돌아간다.
6. 모든 대사가 끝나면 조각 상태가 풀린다.

소설이 아니라 우리가 삶에서 흔히 마주치는 갈등 상황을 대본으로 만들어 표현하는 것도 좋다. 예를 들어 학교, 가정, 사회에서 가장 많이 나타나는 갈등이 무엇인지 이야기를 나눈 후 모둠별로 주제를 정해 가상의 갈등 상황을 재현해 보는 것이다. 극을 마친 후 학급 전체가 갈등을 해결하기 위한 방법을 고민해 보는 시간까지 갖게 되면 더욱 좋다.

〈그림3〉 정지극. 소설 〈동의보감〉에서 마을 사람들은 허준이 떠나지 못하도록
붙잡고 촌로는 허준을 재촉하는 정상구를 비난하는 장면

〈그림4〉 정지극. 마을 사람들이 앞다퉈 허준에게 아픈 곳을 고쳐 달라고 아우성
치는 장면

〈그림5〉 정지극. 허준이 마을에 남기로 결정하자 마을 사람들이 너무 고마워서 합장하는 장면. 갈등이 풀리는 상황이다.

(2) 어느 날의 사건

■ 놀이 규칙

1. 각 모둠은 일상생활에서 어떤 특정한 날을 고른다. 집들이, 졸업식, 돌잔치, 제사, 시험 보는 날, 소지품 검사 받는 날, 소풍, 결혼식, 생일, 부부싸움, 장례식 등

2. 그런 다음 그날 일어날 사건을 가정해 본다(갈등 상황을 만들어 본다). 예를 들어 '상가집에 문상 온 사람들이 고스톱을 치다 싸움이 났다.', '돌잔치에 놀러 온 회사 동료들이 밤늦게까지 눌러앉아 술을 마시다 고생하는 부인 때문에 남녀가 갈리어 싸움을 한다.', '소지품 검사를 하는 날, 하필 가방에 야한 사진이 들어 있다.' 등등.

3. 제목도 재미있게 만들어 본다.

4. 사건과 장소, 상황에 맞게 역할을 나누어 맡는다.

5. 그런 다음 '처음, 중간, 끝'의 3개 장면을 정지 동작의 조각으로 만들어 본다. 처음 장면은 사건이 어떻게 일어났는지, 두 번째는 그 사건이 발전된 장면, 그리고 마지막에는 그 사건이 어떻게 해결되었는가를 보여준다.
6. 각 장면을 만드는 데 필요한 시간은 5분 정도로 제한한다. 5분 동안 논의하고 첫 번째 장면, 다시 5분 동안 논의하고 두 번째 장면, 다시 5분 동안 논의하고 세 번째 장면을 만든다.
7. 처음에는 대사 없이 연속 동작으로 이어 보고 나서 다시 한 번 반복하는데, 그때 장면마다 참가자들이 맡은 역할에 따라 가장 핵심적이고 간단한 대사를 하도록 한다.
8. 마지막으로 움직이면서 대사도 하고, 세 장면을 연결해 가며 간단히 토론을 하여 대사와 동작을 늘리고 장면을 완성한다.
9. 각 모둠의 공연을 보고 나서 소감을 나눈다.

연극을 하려면 대본 쓰기부터 시작해서 엄청난 시간과 노력이 들지만 이 놀이는 바로 할 수 있다는 장점이 있다. 그러면서 연극의 기초가 된다. 연극하기의 도입으로 사용해도 좋고, 연극을 하면서 연극을 만드는 키워드로 사용한 후 내용을 더 채워서 연극을 만드는 과정으로 사용해도 좋다. 단순히 어느 날의 사건을 정해서 아주 짧게 해도 재미있는 상상력이 표현될 수 있는 놀이다.

(3) 퍼포먼스

퍼포먼스, 곧 행위예술은 어떤 주제든 분명히 드러낼 수 있기 때문에 행위예술을 통해 비판 의식을 기를 수 있을 뿐 아니라, 사회적인 발언이 예술의 형태로 표출되는 것을 알게 하는 데도 적당하다. 이것은 민주 시민으로서 사회적 실천까지 고민할 수 있게 하는 계기를 던져 주는 효과가 있다. 사회에 이슈가 되는 문제 상황을 파악하고 그 주제를 퍼포먼스로 제작하는 과정에서 현실적으로 어떻게 그 문제를 해결할 것인지까지 생각할 기회를 준다. 또한 퍼포먼스로 제작하는 과정 속에서 새로운 창작물을 만드는 기쁨을 맛볼 수 있다. 요즘 학생들은 영상물에 익숙하기 때문에 퍼포먼스 만들기는 쉽게 접근해서 수업할 수 있는 방법이며, 학생들도 무척 즐거워한다.

■ 놀이 규칙

1. 교사는 학생들에게 퍼포먼스가 무엇인지 설명을 한다. 인터넷으로 퍼포먼스 작품을 찾아서 보여 주면 학생들이 쉽게 이해한다.
2. 주제를 표출할 수 있도록 이야기를 만든다. 이야기를 만들 때 처음 - 중간 - 끝으로 만들도록 하고, 중간 부분을 2~3개 부분으로 나누어도 된다.
3. 만들어진 이야기에 따라 이야기를 표현할 수 있는 강렬한 몸동작을 창작한다.
4. 이야기 전개에 따라 창작한 몸동작을 몸으로만 표현한다.
5. 주제가 선명하게 드러나는지 모둠원들과 평가를 한 후, 수정할 부분을 수정한다.
6. 공연한다.

■ 유의 사항

1. 퍼포먼스에 대한 여러 가지 예를 많이 들어 줄수록 좋은 작품이 나온다.
2. 스토리를 만들 때 교사가 돌아다니면서 적극적으로 개입을 해야 한다. 흔히 학생들은 연극처럼 하려는 경향이 있다. 또 자세히 설명하고자 한다. 이럴 때 교사가 지도를 해야 한다. 퍼포먼스는 상징이 생명이라는 것을 인식시켜 준다. 모든 게 가정된 상황이기 때문에 설명하지 않아도, 혹은 설명하지 않을수록 큰 울림을 준다는 것을 깨닫게 해야 한다. 말을 사용할 수도 있으나, 말을 사용하지 않고 시각적인 충격을 주는 것이 주제 전달에 더 효과

적임을 알려 준다. 두레마다 돌아다니면서 스토리 작업을 도와주어야 한다.

3. 단지 공연을 한 번 하는 것으로 끝내는 것이 아니라, 공연 후 부족한 부분이 발견되면 다시 고쳐서 해 보도록 지도한다. 교사가 준 약간의 도움이 작품의 완성도를 좌우하는 큰 힘이 된다는 것을 학생들이 경험하게 된다. 이 경험은 나중에 다른 활동을 더 잘 할 수 있도록 하는 촉매가 되며, 학생과 소통하는 데 기본인 교사에 대한 신뢰로 이어진다.

반전 퍼포먼스를 했던 수업 사례를 예로 들면 다음과 같다.

1차시에 두레별로 스토리를 만들게 했다. 스토리가 만들어지면 준비물을 적고, 준비물을 준비할 사람까지 역할을 나누었다. 일단 준비물 없이 빈 공간에서 직접 퍼포먼스를 해 보고, 부족한 부분은 상의해서 고치게 하였다.

2차시에는 한 모둠씩 나와 공연하였다. 공연이 끝난 후 궁금한 사항을 각 모둠의 연출자에게 물어 본 후 평가를 하면서 잘된 부분과 잘못된 부분을 지적해 주었다. 그리고 시간이 남자 잘못된 부분을 고친 후 다시 공연하였다.

다음에 나오는 〈그림6〉 ~ 〈그림11〉은 이렇게 창작한 〈우리는 하나〉라는 퍼포먼스 공연을 찍은 사진들이다.

3. 몸 풀기 연극 놀이 몇 가지

초중등 교육과정에서 연극이라고 하면 초등학교 때 학예회 공연이나 장기자랑식의 촌극 형태를 경험한 것으로 끝내 버리는 수

〈그림6〉 세 나라가 서로 싸우고 있다. 얼굴에 각각의 나라를 대표하는 대표자의 얼굴을 마스크로 썼다.

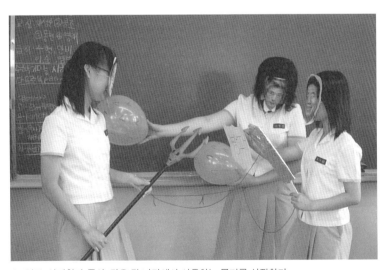

〈그림7〉 삼지창과 풍선, 칼은 각 나라에서 사용하는 무기를 상징한다.

〈그림8〉 싸우는 중에 한 사람이 '우리는 승리를 원한다'는 플랜카드를 들고 있다. 세 나라의
속마음이다.

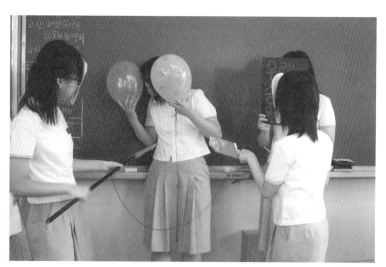

〈그림9〉 서로 싸우다 지쳐 각자에게 묻는다. '과연 행복한가?' 처음 학생들 손에 들려 있던
빨간 실이 서로 엉켜 가닥을 분간할 수 없게 묶여 있다.

〈그림10〉 '과연 행복할까'를 생각하며 자성의 시간을 거친다.

〈그림11〉 엉켜 있던 실을 하나로 연결해 같이 들고 '우리는 하나'임을 확인하며 마무리했다.

가 많다. 실제로 희곡이나 시나리오를 공연으로 올리기란 중등 교육과정에서 여간 어렵고 힘든 일이 아니다.

　연극하기는 대본뿐 아니라 공연까지 갈등을 통해 세상사의 축소판을 경험할 수 있다. 연극을 준비하며 친구들과 부딪히고 해결하는 과정을 거치다 보면 자연스럽게 사람과 사람, 사람과 세상의 관계를 저절로 깨치게 된다.

　무엇보다 공연 준비 과정은 아이들의 잠자고 있던 표현 본능과 억압되어 있던 감정을 되살려 준다. 시끌시끌하면서도 열띤 토의 장면과 웃고 우는 연습 장면을 바라보고 있노라면 '바로 이게 진짜 수업이구나.' 하는 가슴 벅찬 감동을 느끼게 된다.

　그러나 당장 연극을 하는 것이 쉽지 않다. 그래서 그 준비로 다음과 같은 연극 놀이를 몇 개 하면서 감각을 익히면 좋다. 이 놀이들은 연극을 준비하기 위한 준비운동이기도 하지만 따로 수업 시간에 해도 상상력과 창의력, 표현력을 키울 수 있다.

(1) 장님과 조각가

- 놀이 규칙

1. 두 사람이 짝을 짓고 한 사람은 장님, 한 사람은 조각가가 된다.
2. 장님은 눈을 감고 가만히 있고 조각가는 장님의 몸을 움직여 조각상을 완성한다.
3. 조각이 끝나면 조각가는 멀리 다른 장소로 가서 똑같은 조각상을 몸으로 만든다.
4. 신호가 내려지면 장님은 자신과 똑같은 조각상을 찾는다.

5. 평소 눈에만 익숙한 감각에서 벗어나 잠자고 있던 감각을 깨울 수 있다.

눈을 감고 하는 활동이므로, 시각 외 감각을 섬세하게 발동시켜야 한다. 자신과 같은 조각을 찾기 위해 집중력도 발휘해야 하며, 무엇보다 친구들의 몸을 만지면서 조각을 만들고 찾는 과정에서 말로는 만들 수 없는 친밀감이 생겨난다.

(2) 무얼 먹나요?

■ 놀이 규칙
1. 모둠별로 둥그렇게 앉는다.
2. 교사가 미리 준비한 낱말카드(학생들이 직접 만들게 한 후 다른 모둠과 교환하는 방법도 있음)를 모둠별로 나눠 준다. 낱말이 보이지 않도록 보안 유지에 유의한다. 낱말카드 예시: 떡볶이, 수박, 라면, 껌, 바나나, 새콤달콤, 오징어, 산낙지, 순대, 삼겹살 등등.
3. 낱말카드를 글씨가 보이지 않게 모둠 한가운데 놓고 첫 번째 순서의 사람이 맨 위 카드를 한 장 뽑아 간다.
4. 카드를 뽑은 사람은 단어만 확인하고 자기 앞에 덮어 둔다(카드를 맨 밑으로 집어넣어도 된다). 그리고 오로지 얼굴 표정과 손짓, 몸짓만으로 단어에 적힌 음식을 먹는 흉내를 낸다. 소리를 내서는 안 된다.
5. 나머지 사람들은 그 음식의 이름이 무엇인지 맞힌다. 처음엔 입 모양만으로 하다가 못 맞히면 손짓을 사용하고 그래도 못 맞히면 몸짓을 사용하도록 한다. 처음부터 입 모양, 손짓, 몸짓을 전부 사용하면 금방 답이 나오게 되고 재미도 덜하기 때문이다.
6. 위와 같은 방법으로 마지막 카드까지 한다.

이 놀이는 가장 친근한 소재인 먹거리를 사용하는 것이라 아이들이 더 좋아한다. 먼저 자기가 먹고 싶은 음식, 좋아하는 음식을 각자 써 보도록 하고 모둠원끼리 확인한다. 공통된 음식은 빼고 모둠원끼리 의논하여 새로운 음식을 추가한다. 이 과정에서 서로 좋아하는 음식이 무엇인지 확인하면서 친밀감을 느낄 수 있다. 또 평소에 보지 못했던 서로의 얼굴과 표정, 행동 방식을 공유할 수 있는 시간이기도 하다.

(3) 무엇이 될까?

■ 놀이 규칙
1. 각자 선생님이 제시한 단어를 몸으로 만들어 보는 연습을 해 본다(예: 빗자루, 지렁이 등).
2. 모둠별로 모여서 선생님이 제시한 단어를 함께 만들어 본다. 이때, 단어는 다른 모둠이 맞힐 때까지 비밀로 유지해야 한다.
3. 모둠별로 돌아가면서 자신들이 만든 물건(세탁기, 청소기, 자동차, 책상과 의자 등)을 몸으로 표현한다. 움직여 보게도 하고 소리 내 보게도 할 수 있다.
4. 다른 모둠은 어떤 물건인지 맞혀 본다.

모둠원끼리 의논하여 만들어 낸 창의적인 물건으로는 대포(한 명이 대포알이 되어 튕겨나가는 강한 액션을 선보임), 멜로디박스(뚜껑이 열리면 한 사람이 튀어나와 뱅글뱅글 춤을 춤) 등이 있었다. 이왕이면 표현하기 편한 물건보다는 복잡하거나 특이한 것을 상징적으로 잘 표현할 수 있도록 안내한다. 인체의 또 다른 신비를 느껴 볼 수 있는 시간이 된다.

(4) 신문지 패션쇼

■ 놀이 규칙
1. 모둠원은 4~5명 정도가 적당하다.
2. 모둠원끼리 협의해 패션쇼의 주제나 아이템을 정한다.
3. 모델과 디자이너, 소품 담당으로 역할을 나눈다.
4. 신문지를 가지고 옷이나 소품을 제작하여 모델에게 입힌다.
5. 완성되면 모델들이 패션쇼를 한다.
6. 디자이너로부터 패션에 대한 소개말을 듣는 코너가 있으면 더 재밌다.

　신문지는 수업 자료로 매우 유용하다. 신문 읽기는 말할 것도 없고 신문에서 퀴즈 내기, 신문에 나온 글자로 문장 만들기, 신문지 위에 올라가기, 신문지로 공싸움 하기 등등 무궁무진하다. 그런데 신문지를 옷감처럼 활용해 다양한 의상과 장식품을 만들어 내는 놀이를 해 보면 요즘 아이들의 취향에도 잘 맞고 모든 아이가 참여할 수 있는 다양한 영역을 지닌 놀이라는 것을 깨닫게 된다. 아이디어를 내는 활동부터 만들기, 표현하기, 말하기 활동 등이 어우러져 있다. 발표할 때 배경 음악을 깔고 무대나 조명까지 활용하면 파티나 축제 같은 분위기가 연출되기도 한다. 학급 활동이나 단합 대회, 캠프 활동에 활용하기에도 적합하다.

4. 연극

학교의 열악한 환경에서 연극을 하는 것은 기적을 일구는 것이나 다름없다. 그러나 우리에겐 무한한 창의력과 상상력이 있다. 이것을 마음껏 이용하도록 학생들에게 일깨워 주면 된다. 이를테면 어디에서나 구하기 쉬운 신문지를 이용하라고 하면 학생들은 신문지로 필요한 모든 소품을 다 만든다. 무한한 상상력을 가미해 신문지를 붓, 총, 총을 담는 가방, 옷, 모자, 벽, 민들레꽃 등으로 변신시킨다. 폐품에 불과한 신문지가 이렇듯 화려하게 변신을 하다니! 역시 아이들에겐 상상력, 창의력, 놀이 정신이 살아 있음을 확인하게 됐다.

연극 공연을 남들에게 보여 주기 위한 것이 아니라 준비하는 과정이 소중한, 그리고 함께 즐길 수 있는 잔치판을 벌이는 것이라고 생각한다면 마음이 한결 가벼워질 것이다. 교사가 즐거워야 아이들도 즐겁다.

연극을 할 사람을 몇 명 뽑아서 대사를 외우게 하고 연습을 시켜 무대에 올리면, 하는 사람은 즐겁고 보람이 있겠지만 보는 사람들은 주체로 서지 못하고 들러리밖에 되지 않는다. 그래서 좀 부족하지만 모든 학생이 연극을 할 수 있게, 모둠별로 희곡 장면을 잘라서 그 부분을 연기하도록 하면 모두에게 기회가 간다.

각 모둠이 자신들이 맡은 부분의 역할을 나누고 연습을 한 후 순서대로 무대에 올라가 연기를 하고 내려오면, 한 편의 연극이

도막도막 나뉘어서 공연은 되겠지만 학급 학생 모두가 연극이 무엇인지 체험할 수 있게 된다.

이런 활동을 머리로 상상할 땐 어색할 것 같지만 교실에서 직접 하다 보면, 연극 자체가 원래 여러 장으로 나뉘기 때문에 자연스럽게 연결되면서 흘러간다. 등장인물이 달라지고 주인공이 바뀌어도 수업이라는 제한된 상황 속에서 학생들은 별 저항감 없이 연극 공연을 볼 수 있다.

창작극인 경우에는 공동 창작을 한 후에, 연극으로 공연할 수 있다. 창작극은 대개 분량이 짧으므로 모둠별로 창작부터 공연 준비까지 한 후 반에서 공연하면 된다.

다음은 기존의 희곡 작품으로 반 전체가 모둠별로 부분을 할당하여 연극하는 방법에 대한 안내다.

■ 놀이 규칙
1. 공연할 희곡을 정한다. 정하기 어려우면 청소년 대상의 소설 중에서 하나를 골라 각색한다.
2. 모둠을 적절하게 나눈다. 한 모둠은 5~6명 정도가 적당하다.
3. 희곡 대본의 분량을 모둠 수만큼 적절하게 나눈다.
4. 각 모둠이 연기하고 싶은 부분을 협의하여 나누어 갖는다.
5. 대본 분석을 한다. 자신들이 맡은 부분만을 분석하면 전체 흐름을 볼 수 없으므로 전체를 다하도록 한다. 이때 모둠원끼리 전체 대본 분석을 하도록 하면 건너 뛰는 경우가 있으므로 학급 전체가 함께하는 것이 좋다. 한 사람씩 차례대로 대사 하나씩 읽어 가며 대본을 분석하면 모든 학생이 대사를 읽을 기회를 가질 수 있어 좋다.
6. 대본 분석이 끝나면 자신들이 맡은 부분의 대본을 분석한다. 이때는 전체 대본 분석보다 세밀하게 해야 한다. 소품과 배경 등을 생각하고, 연출자와

배우도 정한다.

7. 역할이 정해지고 대본 분석이 끝나면 대본을 암기한다.
8. 모둠원이 함께 연기를 한다.
9. 각 모둠이 모여 리허설을 한 후, 무대 배경을 걸고 연극 상연을 한다.
10. 장과 장 사이, 모둠과 모둠 사이는 암전을 이용하는데, 교실에서는 암전이 불가능하므로 '암전'이란 신호에 따라 배우를 제외한 사람들은 모두 눈을 감고, '조명'이란 신호에 눈을 뜨면 연극을 시작한다.

학교에서 연극을 놀이로 할 때는 발표력이 좋거나 공부를 잘하고 적극적인 일부 학생이 역을 맡아 공연을 성황리에 마치는 것은 의미가 없다. 한 반의 학생 모두가 배우나 스태프, 또는 연출자가 돼 연극을 무대에 올리는 과정을 스스로 느껴 보는 것이 중요하다. 따라서 연극의 일정 부분을 각각의 모둠이 나누어 연기하면서 반 전체가 모두 공연을 했을 때 한 편의 연극이 되는 연작극 형태의 공연이 적당하다는 생각이다.

또한 학교는 조명이나 음향 시설, 무대장치 등 연극을 제대로 할 수 있는 장치가 없기 때문에 이런 기술적인 면을 해결하는 방법을 알고 있어야 한다. 다행스러운 것은 연극이 고도의 추상성을 지닌 예술이기 때문에 열악한 환경을 이 고도화된 추상성을 이용해 극복할 수 있다는 점이다. 사실 프로들이 하는 연극 무대 역시 추상적으로 만들어진 공간에서 관객과 배우 모두 암묵적인 동의로 그 상황을 이해하고 극을 진행한다. 따라서 시설이 열악한 교실에서 연극을 할 때는 먼저 연극의 추상성에 대해 학생들에게 설명하고 교실 환경을 추상화된 공간으로 생각하도록 유도

해야 한다. 또한 그 공간에서 최대한 무대 설정이 가능하도록 교실의 비품을 잘 이용해야 한다.

무대는 교실의 어느 한쪽을 정해서 청테이프로 무대 공간임을 표시해야 한다. 그렇게 하지 않을 경우 무대와 무대 아닌 곳이 구별되지 않는다. 무대의 방향은 교실의 앞이나 뒤, 양 옆면 등 편한 공간을 이용하면 되는데, 요즘 교실에는 앞에는 멀티 시설이 되어 있고 양옆에 기둥이 있기 때문에 교실 뒤편을 무대로 설정하는 것이 좋다. 연습이나 공연을 할 때 책상을 앞으로 밀어내고 관객들을 일렬로 앉힌 후 무대를 설정한다. 등장과 퇴장은 교실 뒷문으로 하고 복도는 배우 대기실로 이용한다.

조명의 경우는 미리 학생들과 약속을 하는데 '암전'은 모두가 눈을 감은 상태로, '조명'이란 말은 연극이 시작됨을 알리는 동시에 모두 눈을 뜨도록 하는 말로 정해 둔다. 연극 중간에 들어가는 조명은 교실의 조명과 창문 커튼을 이용하고, 특수 조명은 손전등을 활용한다. 음향과 기타 효과의 경우는 교실에 있는 모든 물품을 이용한다.

한 모둠의 연극 시작과 끝은 해당 모둠의 연출자의 지시에 따라 진행되며, 그다음 모둠은 미리 복도에 나가 다음 장면을 준비한다. 무대배경은 전지를 여러 장 붙여서 그려도 된다. 내가 맡은 반의 경우 시간을 단축하기 위해 몇몇 사람이 방과 후에 그려서 사용했다. 뒤쪽 게시판 부분을 무대배경으로 채운 후 나머지 불필요한 부분은 그대로 놔두는 것보다 하얀 전지로 가리는 편이

낮다. 소품은 구하기 어려운 것이 아니면 반드시 준비해서 이용하면 진짜 연극을 한다는 느낌을 모두에게 주고 진지한 분위기를 만든다.

학교에는 조명도 없고 무대도 없다. 소품도 없고 장소도 없고, 온통 없는 것투성이다. 그래서 더 쉽게 연극을 할 수 있다. 왜냐하면 잘하지 못하더라도 "없는 것이 많아서" 못한 것이라고 스스로를 위로할 수 있으니 말이다. 이 어려운 여건 때문에 교사들은 학교에서는 연극을 잘 시도하지 않으려고 한다. 그러나 연극은 생각보다 어려운 일이 아니다. 용기만 있다면 가능하다.

5. 단편영화

연극이나 단편영화는 모두 대본이 필요한 작업으로, 대본을 만드는 일이 쉽지 않고, 교사들이 지도하기도 어렵다. 연극하기에서는 기존 작품을 각색해서 대본 만드는 방법을 소개했으니 여기에서는 창작 대본 만드는 방법을 소개하겠다. 연극과 영화는 크게 다르지 않지만 전해지는 매체의 특성이 달라서 만든 결과와 감동이 다르다. 연극은 무대에 작품을 올리기까지 소요되는 시간이 길기에 감동 역시 크다. 단편영화는 사람마다 아이디어가 다르기 때문에 찍는 순간순간 함께하는 사람들과의 갈등이 문제가된다. 작품을 만들면서 모둠원끼리 각각의 과정에서 발생하는 갈

〈그림12〉 신문지를 소품으로 이용한 연극

〈그림13〉 교과서에 나온 희곡으로 교실에서 연극을 하는 장면. 교실 물품이 모두 소품으로 사용됐다.

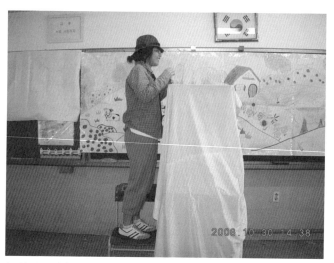

〈그림14〉 교탁과 책상을 쌓은 뒤 거기에 흰 천을 덮어 벽을 표현했다.

등을 직접 겪고 해결하면서 완성된 작품을 감상할 때의 감동은 연극을 무대에 올렸을 때와는 또 다르다. 학원 시간에 쫓기며 대본 작업을 하고, 장소를 물색하고, 그런 과정에서 서로 부딪히고 갈등한다. 그러면서 그 갈등이 인간관계에 어떤 작용을 하는지, 함께 풀어야 하는 일을 두고 갈등이 생겼을 때 어떻게 원만하게 해결하는가를 체험하고 배울 수 있다. 그리고 그런 갈등을 해결하고 한 편의 작품을 완성했을 때 느끼는 보람과 희열에 작가들이 왜 작품을 계속 만드는지 궁극적으로 깨닫게 되며, 다음에 드라마 한 편을 보더라도 이전과는 다른 시각으로 작품을 감상하는 능력을 키울 수 있다.

■ 놀이 규칙: 창작극인 경우

1. 수업 시간에 하는 놀이로서의 영화 만들기는 과정을 단순화시키는 게 중요하다. 먼저 시나리오 생성 단계로 ① 아이템 정하기 ② 시놉시스 쓰기 ③ 장면 구분하기 ④ 시나리오 쓰기가 있다. 각 단계를 1개 차시로 기획하면 되는데, 시나리오 쓰기는 2개 차시로 한다.
2. 시나리오가 만들어지면 콘티를 짜고 역할을 나눈 후 촬영하고 편집하면 끝이다. 말은 간단하지만 촬영하고 편집하는 과정에서 상영조차 못 하게 되는 상황도 벌어지므로 교사가 순간순간 살펴보고 진행을 확인해야 한다.
3. 교사가 동영상 편집 프로그램을 사용하는 방법을 모를 때는 잘 아는 교사에게 도움을 요청하고 방과 후 편집을 맡은 학생들을 지도해 달라고 하던가, 잘 아는 학생에게 부탁하면 된다.
4. 영화나 연극이나 모둠 구성은 6~10명 정도로 해야 역할을 버겁지 않게 해낼 수 있다. 배우가 부족할 때는 다른 모둠에서 캐스팅을 할 수 있게 해야 1인 2역을 하지 않는다. 연출자나 편집자가 배우의 역할을 겸해도 된다.
5. 배우의 경우, 자신들 모둠의 구성원으로 하되 모둠의 구성원으로 안 되는 어른, 아이, 동물의 경우는 반드시 외부에서라도 캐스팅을 하도록 해야 영화가 영화답다. 어른 역할의 경우 다른 반 선생님들께 협조를 구하면 순조롭게 진행된다.
6. 장소도 반드시 협조를 얻도록 한다. '○○리아'라면 '○○리아'에서, 병원이면 적어도 '보건실'에서, 거실이면 거실 분위기가 나는 '상담실' 정도는 섭외해서 찍도록 한다.

영화는 디테일이 중요하다. 그런데 아이들은 자꾸 줄거리를 설명하려고 한다. 따라서 교사는 먼저 영화는 설명이 아니라 화면으로 보여 주는 예술품이라는 것을 알려 줘야 한다. 예시작, 특히 청소년이 만든 10분 내외 단편영화를 함께 보면서 어떻게 줄거리를 화면에 담아 냈는지 배우는 과정은 필수다. 또한 영화를 찍는 동안 시나리오와는 관계가 없더라도 좋은 장면이 있으면 스마트폰에 담아 두라고 한다. 영화는 콘티에 있는 영상으로만 이루어지는 것이 아니다. 아침 해가 떠오르고, 나무에서 나뭇잎이 떨어지거나 비가 내리는 하늘… 등, 이런 장면들이 영화와 아무 관련이 없을 것 같지만, 장면과 장면 사이에 예기치 않게 들어가서(인서트), 혹은 엔딩이나 오프닝에서 아주 요긴하게 사용될 수 있고, 예술성을 한층 높일 수 있음을 예시작으로 보여 준다. 배움이 빠른 아이들의 경우 교사의 수준을 뛰어넘는 장면들을 인서트나 엔딩 혹은 시작 장면으로 만들어 놓는다.

혁신학교	즐겁고 행복한 배움의 공동체						
국어	2학년 2학기	4 반	번호	18	이름	지현경	활동지 44
대단원 : 6. 방송에서 쓰는 말과 표현		주제 : 단편 영화 만들기 - 시놉시스 모둠					

※ 지난 시간에 개인별로 쓴 시놉시스를 모둠별 쓰는 것입니다.

> 시놉시스란 : 영화의 줄거리입니다. 시놉시스를 먼저 쓰고 시나리오는 쓰는 경우가
> 대부분이며, 영화제에 출품할 경우 시놉시스를 꼭 내라고 합니다. 시놉시스일지
> 라도 중요 장면인 오프닝 같은 경우에는 구체적으로 묘사하는 것이 좋습니다.

< 시놉시스 쓰기 >

영화 제목 : 지켜주지 못해서 미안해.   (정하지 않았으면 안 써도 됩니다.)

경식이가 옥상위에 서있었다. 영아의 얼굴이 더져지나간다. 경식이의 미안하다는
말과 함께 경식이가 사라진다. 턱벅- 떨어지는 소리가 난다. (제목이 나옴)
비눈빨바래나옴
그날 아침이 밝아 자습시간에 담임선생님이 들어오면
반아이들에게 "새벽 4시에 경식이가 죽었는데 봤게 왜죽은지 아닌나경?"
가해자의 역국을 비춘다. "몰라요? 어? 왜죽었어?" 경식이네 안 혜경이는
반친구의 비웃음으로 표상받을 가깝 되었는데 우연히 교감선생과 경식이 사건을 들으려는
장면을 목격한다. 혜경이는 밖으로 뛰어간다. 그리고 편도 혜경이와 어울려대렸던
아이들에게 자신이 본 것을 애기한다. 경식이의 자살사건을 자신들이
수사하기로 하여 학방영화가 만들어진다. 학교에 대한걸 혜경이가 대놓고 말하며
화이팅!하고 빛이 바뀜. 학생영화가 첫반째일 경식이가 떨어진 자료오
경식이의 집반을 알아내 집에 전화를 한다. 동방이네 전화를 하고 부모님이
안계는 걸 알게되고 경식이의 집을 나뇌천근 알가방을 발견한다. 그 안에
들어있던 산도,두면,한결,두미 의 이용을 발견하고 (왜따나장면 나옴)
학생영화는 그 안에 반여있는 4명의 아이들을 불러내고 알가방을
보여주며 4명의 아이들 훈간하게 만들어 자백을 받아내나
경식 4명은 소년원에 가게 되고 교감선생님과 경식은 네티즌에게 (녹음기)
큰 질타를 받게 되고 학방 경식 다람이 경식이가 문혀져 있는 산으로 가서
다같이 꽃을 놓고서 절을 하고 끝난다.

> 뒷면에 계속 씁니다. 분량이 많아야 좋지 않은 것 뿐수 있습니다.

〈그림15〉 시놉시스 쓰기

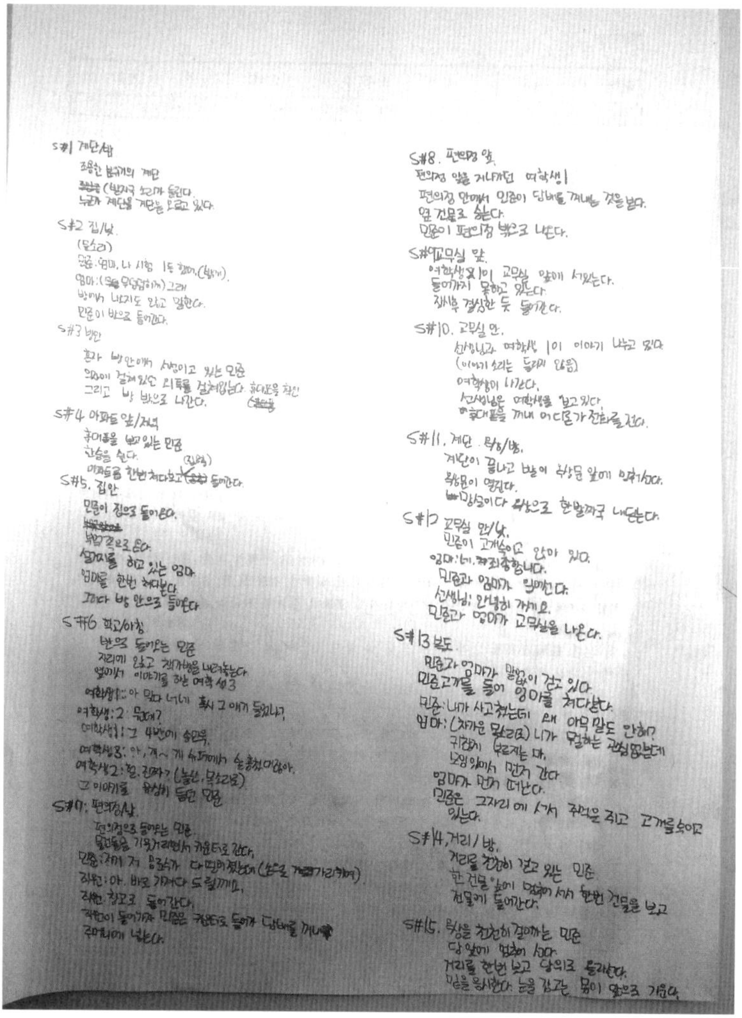

S#1 계단생.
　좁은 밤거리의 계단
　효순 (발자국 소리가 들린다)
　누가 계단을 걸어 올라가고 있다.

S#2 집/밤.
　(문소리)
　엄마: 엄마, 나 시험 1등 했어.(밝게)
　엄마:(잘 했어)그래
　방에서 나가지도 않고 멍하다.
　민준이 방으로 들어간다.

S#3 방안
　꽃과 벽 안에가 새겨있고 있는 민준
　엎어져 걸쳐있고 시트를 걸쳐있는. 블라인드 친
　그리고 방 밖으로 나간다.

S#4 아파트 앞/저녁
　하늘을 보고 있는 민준
　가슴을 쉰다.
　어딘가를 한번 쳐다보고 집으로 들어간다.

S#5. 집안
　민준이 집으로 들어온다.
　방으로 들어온다.
　일어나려 하고 있는 엄마.
　엄마를 한번 째려본다.
　방에 방 안으로 들어간다.

S#6 학교/아침
　벤치에 앉아있는 민준
　멀리서 앉고 재미있게 떠드는다.
　엎어져 이야기를 하는 여학생3
　여학생3: 아 오늘 너네 혹시 그 애기 들었니?
　여학생2: 무슨?
　여학생1: 그 4층에 소문.
　여학생3: 왜, 걔...기 뒤에서 술술취였어.
　여학생2: 진,진짜? (놀란, 말2군)
　그 이야기를 한심한 듯 보는 민준

S#7. 편의점 앞.
　집으로 돌아오는 민준
　물건들을 기웃거리며 구경한다.
　민준:이게 뭐지가 다맛에 경쟁하(눈으로 게임가리키며)
　리즈: 아. 바로 가까이 도착할끼야.
　강한: 창고로 돌아간다.
　적당이 들어가자 민준은 구경하고 들어 담배를 꺼내
　조리에 나간다.

S#8. 편의점 앞.
　편의점 앞을 거나가던 여학생1
　편의점 안에서 민준이 담배를 꺼내는 것을 본다.
　뭘 잡으로 들다.
　민준이 편의점 밖으로 나간다.

S#9 교무실 앞.
　여학생2이 교무실 앞에 서있는다.
　들어가지 못하고 있는다.
　잠시 경심한 듯 들어간다.

S#10. 교무실 안.
　친구나2 여학생 1이 이야기 나누고 있다.
　(이야기 소리는 들리지 않음)
　여학생이 나가다.
　선생님은 여학생을 보고있다.
　눈물대를 꺼내 어디론가 전화를 건다.

S#11. 계단 옥상/밤.
　계단이 끝나고 바로 옥상문 앞에 일어나있다.
　문앞이 엎져있다.
　민준이다 밖으로 한발자국 나선다.

S#12 교무실 안/낮.
　민준이 앉아있고 엄마 있다.
　엄마: 어..죄송합니다.
　민준을 째려본다.
　선생님: 안녕히 가세요.
　민준과 엄마가 교무실을 나선다.

S#13 복도
　민준과 엄마가 말이 없고 있다
　민준 고개를 들어 엄마를 쳐다본다.
　민준:내가 사고쳤는데 왜 아무말도 안해
　엄마: (작가를 멈추고) 내가 멈추는 쩜점안는데
　구담이 걸어준다.
　모양없이 민준 간다
　엄마가 먼저 떠난다.
　민준은 그자리에 서서 주먹을 쥐고 고개숙이고
　있는다.

S#14. 거리/밤.
　거리를 걸어가고 있는 민준
　한 건물 앞에 민준이 서서 한번 건물을 보고
　건물로 들어간다.

S#15. 옥상을 천천히 걸어오는 민준
　달에서 엎어 본다
　거리를 한번 보고 옥외로 올라선다.
　민준을 당사었다. 눈을 감고. 몸이 앞으로 기운다.

<그림16> 장면(신, scene) 구분하기

선행

승주: 15살, 어릴 적 위험에 처한 아이를 구한 사건으로 환호와 칭찬을 받는다.
그 이후로부터 누구든지 자신이 구해낼 수 있다는 잘못된 영웅심리가 생긴다.

아저씨: 중년의 남성, 처음 보는 승주의 도움 요청을 바로 받아들이고 도와줄 만큼 선량하
고 정의감이 높다. 범인을 제압하는 강한 힘과 기술을 가졌다.

형우(남자친구): 15살, 여자 친구인 동주와 장난치는 것을 성희롱 하는 것으로 오해 받는다.
오해한 승주를 비난한다.

동주(여자친구): 15살, 남자 친구인 형우와 장난치는 것을 승주에 의해 성희롱 당한다고 오
해 받는다. 남자 친구가 오해 받았다는 사실에 분노한다.

--------------------------------과거--------------------------------
S#1. 거리/낮

거리를 걷는 승주. 주머니에 손을 꽂은 채로 책가방을 등에 메고 걷는다.
한산한 거리를 두리번댄다. 어두운 골목길에 시선이 정지된 승주.
놀란 표정을 짓는다. 손톱을 물어뜯는 승주.

S#2. 골목길/낮

낮이지만 그늘이 져 캄캄한 골목길. 사람 하나 지나다니지 않는다.

여자아이:(당황한 표정을 짓고 자신의 팔을 잡은 손을 떼어 내려하며) 살려 주세요!
범인:(화가 난 표정을 짓고) 조용히 해! (주위를 두리번댄다.)

S$3. 거리/ 낮

이 상황을 목격한 승주. 앞으로 발을 내딛다 주저하는 것을 반복한다.
굳은 결심을 한 표정을 짓는다. 크게 소리를 내지르는 승주.

승주:(크고 다급한 목소리로) 도와주세요! 살려주세요!

승주의 다급한 목소리를 듣고 여러 사람들이 몰려온다.
웅성웅성 대는 사람들.

아저씨: 무슨 일이냐, 꼬바야?

〈그림17〉 시나리오 쓰기

〈그림18〉 콘티 짜기

〈그림19〉 모둠원끼리 촬영 협의를 하고 있다.

〈그림20〉 대본 연습을 하는 아이들

〈그림21〉 교실 장면을 촬영하고 있다.

〈그림22〉 거리 장면을 촬영하는 모습

〈그림23〉 복도 장면을 촬영하는 모습

〈그림24〉 주인공이 등교하는 장면을 촬영하는 모습

3부

자율적으로 행동하기

경제협력개발기구(OECD)가 데세코(DeSeCo)로 정의한 인간 핵심 역량 중 자율적 행동 역량은 스스로 무언가를 구상하고 실행하며 그 과정에서 자신의 생각을 표현하는 능력을 의미한다. 2015 교육과정에서도 핵심 역량으로 자기관리 능력을 제시하는데, 자기관리능력[1]은 자기 동기화, 할 수 있다는 자신감, 능력 있는 학습자라는 자신에 대한 믿음을 기반으로 자립적이고 자신을 반성적으로 돌아볼 수 있는 자질을 의미한다. 이는 높은 기대 수준을 갖고 자신의 목표와 계획을 세우고 프로젝트를 완수해 가며 그 과정에서 부딪히는 다양한 도전에 대처할 수 있는 전략을 개발할 수 있는 역량을 뜻한다.

이들의 정의에 따르면 자율적인 역량은 '놀이'의 모든 부분에 들어 있는 요소다. 왜냐하면 인간이 '놀려면' 무엇을 하고 놀 것인지, 누구와 놀 것인지, 어디에서 놀 것인지부터 정하는 것으로 시작해서, 그런 것들을 찾아서 놀아야 하는데, 머리로 그렸던 놀이에 딱 맞는 장소는 애초에 없다. 그래서 예상했던 놀이의 요소가 다 갖추어지지 않거나, 조금 부족하게 갖추어져 있거나, 때론 아주 불가능한 환경과 요소일 때도 있다. 이럴 때 '놀이하는 아이들'은 그 환경과 요소를 모두 다 극복하고 '놀고야 만다'.

---

1. 《핵심 역량 중심의 교육과정 재구조화 방안연구》, 한국교육과정 평가원, 2013

교실에서 축구하는 아이들을 본 적이 있는가? 농구도, 배드민턴도 '놀이하는 아이들 손'으로 넘어가면 다 가능하다. 책상이 축구장이 되고, 지우개가 공이 되며, 분필로 그린 작은 공간이 골대가 된다. 신문지를 꽁꽁 뭉쳐 테이프로 감싼 야구공과 교실의 빗자루가 배트가 되기도 한다. 이런 자율적 행동 역량을 보며 그들의 창의력에 늘 감탄을 한다(야단이 먼저 나오는 교사도 있을 것이다. 청소 도구가 망가지기 때문에).

핵심 역량을 강조하는 세계의 교육 선진국은 자율성과 다양성도 강조하지만 동시에 책무성이란 역량을 강조한다. 그래서 놀이가 중요하다. 왜냐하면 놀이를 지속하려면 바로 그 책무성도 동시에 발현되어야 하기 때문이다. 빗자루가 망가지면 다음부터는 놀지 못하기에 안 망가지는 도구를 고민하고, 드디어는 신문지 방망이를 만들어내는 창의력이 발현되기 때문이다.

그걸 기다리지 못한다면 뒤이어 나타나는 아이들의 창의력도 못 볼 것이다. 결국 교사의 인내력과 새롭게 보는 눈(눈이라기보다는 그들이 보이는 행동을 교육적으로 분석하고, 발전적으로 이해하는 안목이 더 적당하겠다)이 중요하다.

반복적으로 말하지만 세상의 모든 놀이는 다 자율적으로 행동하는 능력이 있어야 가능하지만, 여기서는 그런 능력이 최대한 발휘되도록 만드는 놀이들에 대해 설명하겠다.

6장

큰 맥락에서
행동하는 능력

역량으로 일컬어지는 것들이 5개든, 3개든 그것들은 분절적으로 작동
하는 것이 아니다. 서로 연관을 갖고 영향을 주고받으며 맥락 안에서 작
동이 된다. 큰 맥락에서 행동하는 능력도 그렇다. 놀이판을 큰 눈으로
보는 아이들은 경쟁이 중심이 되는 놀이를 잘한다. 고누나 바둑 같은 놀
이들이 그렇다. 이런 능력은 인생이나 학습이나 그 어떤 일도 하나의 사
건으로 보기보다는 연이어 전개되는 사건으로 보고, 그 전개를 짐작하
고 앞서 실행한다. 놀이지만 이것이 실생활에 접목될 때 대단한 역량이
될 것이다. 여기에 소개되는 놀이는 특히 큰 맥락을 잘 볼 수 있도록 하
는 역량이 필요하고, 그런 역량을 키우는 것들이다. 잘 노는 아이가 잘
산다.

1. 범인을 잡아라!

이 놀이는 일명 마피아 놀이를 단순화한 후 움직임으로 표현하는 놀이로 변형한 것이다. 살인자로 지목된 사람은 전체 흐름을 파악하면서 누구를 선택하여 죽일지, 그리고 자신의 신분을 최대한 노출하지 않고 끝까지 살아남을지와 같은 전략적 사고가 필요하다. 반대로 일반 사람의 경우엔 누가 살인자인지 관찰하고 판단하면서 움직여야 하며, 살인자라는 확신이 생겼을 경우엔 전체 앞에서 공개적으로 지목할 수 있는 용기를 내야 한다. 잘못 지목할 경우 자신이 목숨을 잃기 때문에 신중함이 필요하다.

공포와 추리의 성격을 지니고 있어 아이들이 매우 흥미진진하게 즐기는 놀이 중 하나이며, 범인과 추격자라는 역할을 표현하는 연극 놀이적 성격도 지니고 있다. 비오는 날 으스스한 분위기 속에서 공포와 스릴을 느끼고 싶어 할 때 인기 만점 놀이가 될 수 있다.

■ 놀이 규칙
1. 책걸상을 한쪽으로 밀거나 치워서 충분히 움직일 수 있는 공간을 만든다.
2. 바닥에 앉은 후 모두 고개를 숙이고 눈을 감는다.
3. 사회자(교사)는 범인과 시민의 비율을 2 대 8이나 3 대 7 정도로 만들고 범인을 지목하되 시민들에게는 비밀로 한다.
4. 범인을 지목할 때 살짝 머리를 만지거나 하는 행동으로 알려 주며 범인으로 지목된 사람은 고개를 들어 서로를 확인한 후 잘 기억한다. 나머지 사람들은 계속 눈을 감고 있는다.

5. 사회자가 지시하면 모두 눈을 뜨고 일어서서 죽는 연기를 다양하게 표현하는 시간을 갖는다. 예를 들어 소리 지르며 죽기, 바닥에 쓰러지기, 고통스러워하기 등등.

6. 연습이 끝나면 다시 사회자의 지시하에 모두 움직인다. 이때 만나는 사람과 반드시 악수를 해야 하는데, 누군가가 악수를 청하면 거부할 수 없다. 범인으로 지목된 사람은 악수를 하면서 자신의 검지손가락으로 상대방의 손바닥을 꾸욱 찌른다(악수를 하는 사람들 가운데 선택하는데 최대한 자신의 신변을 보호한다). 찔린 사람은 5~10걸음 이상 움직인 후(이때까지는 아무런 표정이나 행동의 변화를 보이면 안 된다). 실감나게 소리 지르며 쓰러져 죽는다. 그러면 먼저 죽음을 당해 원 밖에 있던 귀신 친구들이 그 친구를 데리고 나간다.

7. 한 사람이 죽을 때마다 나머지 사람들은 범인을 지목할 수 있다. 범인이라고 생각되면 "야! 너 범인이지?"라고 외친다. 만일 범인이라면 "살려 주세요. 잘못했어요."라고 말하고 범인이 아니라면 "난 아니야!"라고 말한다. 이때 범인이 맞으면 귀신들에게 끌려 나가고 범인이 아닌 경우 지목한 사람이 명예훼손죄로 추방당한다.

9. 이렇게 계속하다 범인을 모두 찾아내면 선량한 시민들의 승리로 끝나고 반대의 경우, 즉 살아남은 시민의 숫자가 범인보다 적은 경우 시민들이 패배한 것이다. 승리한 쪽은 환호성을 지르며 "이겼다."를 외치고, 실패한 쪽은 분노하며 "아깝다."를 외친다.

■ 유의 사항

참가 인원수가 모두 움직일 수 있고 서로의 신분이 쉽게 노출되지 않을 정도의 공간이 필요하다. 공간에 따라 범인에게 손가락으로 찔린 후 걷는 발걸음 횟수는 조정하여 정한다. 범인들이 서로를 못 알아보고 동시에 찌르거나 찔림을 당하면 모른 척하면 된다. 범인들은 만나는 모든 사람을 죽이지 않고 선택하여 손가락으로 찌른다. 이 놀이는 서로 속임수를 쓰는 재미가 있어서 아이들이 너도나도 범인 흉내를 내려고 하면 어수선하고 혼란스러워진다. 사회자가 자신은 범인이 누구인지 알고 있음을 주지시키고 가짜 범인 노릇을 하면 안 된다고 재차 강조해야 한다. 또 차분하고 조용한 분위기 속에 진행되어야 한다. 움직이면서 시끄럽게 떠들면 놀이의 맛을 제대로 살릴 수 없다.

이 놀이는 보통 시험이 끝난 후나 학기 말에 하면 좋다. 놀이의 맛을 제대로 느끼려면 1차시는 진행해야 한다. 아이들도 한 번의 역할로는 아쉬움을 느끼기 때문에 놀이가 끝나면 으레 '한 번 더!'를 외치기 마련이다. 살인자를 지목할 때는 적극적인 학생과 소극적인 학생을 골고루 섞는 것이 좋다. 소극적인 학생들에게 선택과 결정권이라는 주체적 행동을 표현할 기회를 줄 수 있는 좋은 기회이기 때문이다. 하지만 모두 소극적일 경우 자칫 놀이의 진전이 더뎌지고 흥미가 반감될 수 있기 때문에 적절히 분배하는 안목이 필요하다.

2. 개미왕국 건설을 막아라!

이 놀이는 한 마리의 개미를 막기 위해 인간이 어떻게 지혜롭게 전략적으로 움직이느냐가 관건인 놀이다. 여러 번의 경험을 통해 아이들 스스로 방법을 찾아 나가도록 안내한다. 이 놀이는 학급 전체의 움직임과 흐름을 잘 느끼면서 자율적, 주도적으로 움직이는 힘을 길러 주기도 한다. 시작하기 전 스토리 하나를 만들어 들려주면서 흥미를 유발하는 것도 좋다.

"개미 한 마리가 인간 세상을 침략하기 위해 왔다. 인간들이 얼마나 머리를 잘 쓰고 협력 정신이 뛰어난지 시험해 보려고 한다.

자, 지금부터 개미의 침략에 맞서 싸워 보자. 정해진 시간 안에 개미가 의자를 차지하지 못하면 인간이 승리하고 그렇지 않으며 인간은 개미보다 열등한 동물로 전락하는 것이다."

■ 놀이 규칙
1. 책상을 치우고 의자를 무질서하게(방향도 다르게) 늘어놓고 앉는다.
2. 시작할 때 빈 의자를 하나 마련하고 개미 역을 맡을 술래를 뽑는다.
3. 개미는 빈 의자에서 가장 거리가 먼 교실 구석 쪽에서 개미걸음(반드시 양 무릎을 붙이고 종종걸음으로 천천히 움직여야 한다)으로 빈 의자를 향해 출발한다.
4. 인간들은 개미가 빈 의자에 앉지 못하도록 자리를 옮기면서 막아야 하는데, 엉덩이를 떼고 일어나면 반드시 다른 자리로 이동해야 하고 다시 그 의자에 앉을 수 없다.
5. 개미는 인간들의 방해를 피해 빈 의자를 찾아가야 하며, 개미가 빈 자리에 앉으면 의자에 앉지 못한 사람이 술래가 된다.

■ 유의 사항
1. 개미놀이의 묘미는 개미가 어떻게 하느냐가 가장 관건이다.
2. 개미는 반드시 종종걸음으로 걸어야 한다. 너무 빨리 걸으면 놀이가 금방 끝나고 시시하게 보일 수 있다.
3. 개미 역을 하는 사람이 손가락으로 가는 방향을 나타내 주면서 하면 더 흥미진진하다.
4. 이 놀이는 사람들 사이에서 내가 어떻게 움직여야 하는지 알게 해 주며 관계성을 키워 준다.
5. 처음에는 선생님이 개미가 되어 앉을 듯 말 듯한 긴장감을 5분 정도 준 다음 학생들끼리 하게 하면 더 효과가 높다.

이 놀이는 협력의 필요성을 주제로 한 수업의 도입 놀이로 활용하기 적당하다. 개미라는 동물과 맞서야 하는 것이 주제에 합당치 않는다면 '개미'를 다른 대상으로 바꾼 후 스토리를 만들어도 좋을 것이다. 예를 들어 인간을 지배하려는 외계 생명체나 악당을 설정하고, 이를 막아 내는 인간들의 지혜와 협력의 중요성을 강조하는 스토리로 바꿔도 재미날 것이다.

놀이 후 소감문을 작성하면서 자신의 행동과 타인의 행동을 관찰한 내용을 정리해 보는 시간을 갖고 소감 나누기로 마무리하는 1차시용 수업 놀이도 가능하다.

3. 눈치코치 숫자 세기

눈치코치 숫자 세기는 이미 잘 알려져 있는 놀이로, 여기서의 '눈치코치'는 다른 사람의 표정과 속마음을 읽고 행동하라는 뜻을 담고 있다. 이 놀이는 혼자만의 생각과 판단으로 하면 절대 성취감을 느낄 수 없고, 두레원이나 학급 친구들과 함께 목표를 달성하는 과정에서 도전의 기쁨을 맛볼 수 있다. 전체 맥락을 파악하는 능력, 그 속에서 내가 어떤 행동을 할지 결정하는 능력을 길러줄 수 있는 놀이이기도 하다.

■ 놀이 규칙 1
1. 10명 정도로 모둠을 만들고, 모둠별로 원을 만들어 의자에 앉는다.
2. 아무나 한 사람이 "하나." 하고 소리치며 일어선다. 이때 숫자를 부르며 일

어선 사람은 그대로 서 있어야 하며, 다른 숫자를 부를 수 없다.
3. 또 다른 사람이 "둘." 하고 일어선다. 이어 다른 사람이 "셋." 하며 일어선
   다.
4. 이와 같은 방법으로 인원수에 해당하는 끝 숫자까지 일어서게 되면 끝난다.
5. 만일 2명 이상이 동시에 일어나면서 한 숫자를 외치거나 일정한 속도를 지
   키지 못하면 틀리는 것으로, 처음부터 다시 시작해야 한다.

■ 놀이 규칙 2
1. 10명 정도로 모둠을 만들고, 모둠별로 원을 만들어 의자에 앉는다.
2. 자리에 앉은 상태에서 일어섰다 앉으면서 숫자를 외친다. 이미 숫자를 외
   친 사람이라도 연속해서 하는 경우가 아니라면 다시 번호를 외칠 수 있다.
3. 마찬가지로 2명 이상이 동시에 일어나면서 한 숫자를 외치거나 일정한 속
   도를 지키지 못하면 틀리는 것으로, 처음부터 다시 해야 한다.
4. 틀리지 않고 얼마까지 할 수 있나 확인해 본다. 물론 미리 순서를 정하거나
   약속된 무엇가로 숫자가 돌아가면 놀이의 의미가 없다.
5. 다른 사람들의 표정이나 움직임을 잘 관찰하고 남을 배려할 줄 알아야 하
   며 적극성이 잘 나타난다.

■ 놀이 규칙 3
1. 기본적으로 놀이 규칙 2와 같으며, 다만 기본 박자로 '무릎 한 번, 손뼉 한
   번, 두 손 밖으로 벌리기 또는 머리 들면서 숫자 말하기'를 넣어서 한다.
2. 숫자를 말하는 사람은 두 손을 밖으로 벌리면서 동시에 머리를 위로 들고 말
   하고 숫자를 말하지 않는 사람은 머리는 들지 않고 두 손만 밖으로 벌린다.
3. 마찬가지로 2명 이상이 동시에 한 숫자를 말하거나 일정한 속도를 지키지
   못하면 틀리는 것으로, 처음부터 다시 해야 한다.

이 놀이는 놀이판의 상황을 메타인지하는 능력이 있으면 아주
유리하다. 이 놀이를 하다 보면 그런 능력이 길러지기도 한다. 오
류 속에서 놀이판을 계속 이어지게 하려면 무엇이 필요한지를 생

각하기 때문이다. 또한 놀이판에 참가하는 사람의 성격도 그대로 투영된다. 아주 적극적이거나 책임감이 강한 아이들은 숫자를 자주 대는데, 소극적인 아이들은 숫자를 하나도 못 대기도 한다. 그렇지만 놀이의 규칙을 달리하여 여러 번 하다 보면, 자신이 어떻게 해야 공동체에 도움이 되는지 깨닫고 자신의 약점을 극복하려고 노력한다.

7장

인생 계획과 개인적인 과제를
설정하고 실행하는 능력

자신의 인생 계획과 개인적인 과제를 설정하고 실행하는 능력은 특정 과목의 교육과정에서 성취기준으로도 제시되었다. 이런 능력을 갖지 못한 사람이 세상 어디에 있을까 반문할 수도 있다. 그러나 이런 능력은 교육을 받아야 길러지는 것이다. 이처럼 역량이 학습으로 습득된다고 인식하는 것이 때론 놀라울 때가 있다. 그렇지만 계획을 세우고 실행하는 능력은 개인의 행복한 삶을 만드는 데 반드시 필요한 능력이므로 수업할 때마다 그 내용이 아이들의 삶에 좋은 영향을 미칠 수 있는지 고민해야 할 것이다. 그 고민의 지점에서 수업의 설계와 기획이 시작된다고 볼 수 있다. 다음에 소개하는 놀이들은 자신의 삶을 성찰하고 그것을 바탕으로 미래에 대한 새로운 계획을 세울 수 있도록 바탕을 제시하는 놀이들이다. 성찰이나 계획이란 주제가 들어가는 단원을 만났을 때 시도하면 좋을 놀이들이며, 집단 상담을 할 때나 학기 초 아이들을 대상으로 상담의 기초 자료를 만들 때도 자연스럽고 재미있게 사용할 수 있다.

1. 인생 곡선 그리기

이 놀이는 보통 집단 상담 시 자신을 소개하는 놀이로 많이 활용되기도 한다. 각자 과거에 어떤 일들이 있었는지, 어떤 느낌이었는지 등을 생각한 뒤 인생 곡선표에 그린다. 하지만 표의 끝을 현재의 나이로만 하지 않고 죽을 때까지로 정해 앞으로의 계획을 세워 보게 해도 좋다.

■ 놀이 규칙
1. 인생 곡선표의 윗부분은 즐거웠던 일이나 성공적인 경험을 적고, 아랫부분은 괴롭고 슬펐던 일을 적은 다음, 선으로 연결한다.

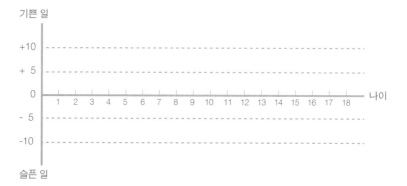

2. 기록이 모두 끝나면 선생님부터 1명씩 돌아가면서 이야기한다. 이때 한 사람씩 이야기하는 시간을 5분 안팎으로 정해 둔다.
3. 마지막으로 '인생 곡선 그리기'를 하면서 들었던 느낌을 선생님부터 돌아가면서 이야기한다.
4. 이것은 자신의 과거를 되돌아보고 자기 반성의 기회를 가짐으로써 앞으로

의 생활에 대한 구체적인 전망을 세울 수 있도록 도와준다. 또한 다른 사람에게 자신의 모습을 자연스럽게 드러내고 동시에 다른 사람이 살아왔던 모습을 이해하는 데 도움을 준다.

단지 인생 곡선을 그리는 것뿐인데, 말로 했을 때 나오지 않는 인생의 경험들이 곡선으로 표시하라고 하면 자연스럽게 나온다. 과연 호모 파베르답다는 생각이 절로 든다. 수학 시간에, 자연수만 알면 되지 왜 정수와 유리수를 배워야 하냐고 할 때도 이 곡선을 그리게 하면 정수와 유리수가 필요한 이유를 바로 깨닫는다. 세상에는 0(보통?)보다 슬픈 일들이 있다. 그 슬픔이 0보다 더 왼쪽, 예를 들면 기르던 강아지가 죽어서 너무 슬픈 나머지 −1백만 정도보다 더 슬펐던 일도 있고, 2였을 때보다는 큰데 3이었을 때보다는 작은 그 어떤 감정이 존재하기 때문이다.

2. 가치관 경매

아이들은 이 놀이를 하면서 세상에는 어떤 가치들이 존재하는지, 그리고 나는 어떤 가치를 소중히 여기는지 깨닫게 된다. 또한 다른 친구들이 소중히 여기는 가치는 무엇인지, 나와는 어떻게 다른지, 왜 다른지에 대해서도 생각해 볼 수 있다. 이렇게 가치를 세워 가는 과정에서 앞날의 방향, 미래를 향한 계획, 꿈을 실현하기 위한 구체적인 실천 방법 등에 대해서도 생각해 볼 수 있다.

또한 경매의 재미 요소인 긴장감, 순발력, 욕구 표현하기 등의 능력을 키울 수 있다. 마지막엔 자신이 구매한 가치 카드를 서로에게 나눠 주는 훈훈한 마무리로 나눔의 기쁨을 체험하게 할 수도 있다.

■ 놀이 규칙

1. 준비물: 한 사람당 ① 가치관 경매 목록과 ② 돈 파일(인터넷에서 자료 찾기 가능) 한 장씩, 그리고 조별로 경매품인 ③ 가치관이 필요하다. 색지에 인쇄해 잘라서 아이들이 가질 수 있게 한다(코팅해도 좋음).

2. 아이들은 6~10명이 한 조가 돼 가치관 경매 목록과 돈 파일을 받는다. 가치관 경매 목록을 보며 자기가 사고 싶은 가치를 2~4개 정도 체크해 놓는다. 경매사는 교사가 할 수도 있고, 간단하기 때문에 지원하는 학생에게 맡겨도 된다. 경매사가 가치관을 집어 들고 "세계일주 가치관 사실 분 있으십니까? 3만 원부터 시작하겠습니다." 하면 각자 손을 들면서 1만 원 단위로 값을 올려가며 경매를 한다. 자기가 가진 돈으로 알뜰하게 여러 개를 사는 친구가 있는가 하면, 정말 갖고 싶은 가치관에 돈을 모두 거는 화끈한 친구도 있다. 더 이상 경매에 참여하는 사람이 없으면 경매사가 "○○만 원, 더 없으십니까? 3, 2, 1 낙찰!" 하고 최고가를 부른 사람에게 가치관을 넘긴다. 그러면 그 사람은 자신의 돈 파일에서 그 액수만큼 돈을 지워 나가면 된다.

3. 깨알 같은 재미는 '학업에 스트레스가 있는지, 외모에 신경을 쓰고 있는지, 미래의 꿈은 무엇인지…' 등, 고르는 가치관들로 아이들의 색깔이 그려지는데, 게임을 하듯 경매를 하기 때문에 교사가 거들 부분이 없어 아이들을 살펴볼 시간이 충분히 주어진다는 데 있다.

4. 마지막 과정은 '흘려주기(Flowing)'다. 경매가 다 끝나고 나면 아이들 손에는 적게는 1개에서 많으면 3~4개쯤 가치관이 들려 있다. 자신의 가치관 중 하나를 반드시 친구에게 이유를 들어 선물하도록 하는 것이 흘려주기다. '살이 찌지 않는 우월한 유전자'를 사기 위해 접전을 벌였던 친구가 있었다고 하자. 원하는 가치관을 얻은 기쁨과 함께, 마지막으로 그 친구에게 흘려

주기를 할 수 있다면 상대가 원하는 선물을 주는 기쁨과 감동이 물밀듯 밀려올 것이다. 실제로 조금 있었을지 모르는, 낙찰을 받지 못해서 느낀 상실감이나 묵은 감정까지 털어 내게 하는 놀라운 과정이 된다.

학급 단위로 하고 싶으면 기본 원리를 잊지 말자. 가치관의 개수는 참가 인원의 1.5배~2배수 정도로(학생들에게 좀 넉넉히 주려면 2~3배) 만들면 되고, 해당 가치관 역시 참가자들의 특성에 맞는 것으로 얼마든지 바꾸어 사용할 수 있다. 즉 참가자들의 특성에 따라 진행자가 첨가하고 변형도 할 수 있어 참가자들이 구미가 당길 만한 경매 품목으로 바꾸면 경매에 참가할 동기부여가 강해지므로 참고하면 좋다.

〈표1〉 가치관 경매 목록 예시

세계일주 / 대한민국을 대표하는 국제적 명성 / 남을 위해 봉사할 수 있는 의료 기술

졸음, 식욕, 분노 등을 제어할 수 있는 인내심 / 평생을 존경하고 배울 수 있는 스승

하고 싶은 모든 일을 할 수 있는 자유 / 상대를 배려하는 마음 / 사람의 마음을 휘어잡을 수 있는 달변가 / 긍정적인 사고 / 모든 병에 대한 면역력 / 일과 운동에 적합한 건강한 신체

짝사랑하는 사람으로부터의 프러포즈 / 불의를 참지 않는 용기 / 부모님의 건강과 행복

정직한 정치인이 이끄는 대한민국 / 모든 것이 완비된 나만의 방, 집 / 인생과 미래를 내다볼 줄 아는 안목 / 내가 어려울 때 도와줄 수 있는 수호천사 / 맘껏 무료로 교육받을 수 있는 세상 / SM이나 YG 사장 / 부족하지 않는 월급과 인정받는 직장 / 되돌리고 싶은 시간으로 돌아갈 수 있는 1회 상품권 / 상대방에게 호감을 주는 외모, 목소리

3개 국어 이상을 구사할 수 있는 뛰어난 언어 능력 / 아무리 먹어도 살 안 찌는 우월한 유전자

김연아, 박태환 같은 세계적 스포츠 스타 / 뛰어난 순간 기억력 / 모두가 인정하는 요리 실력

평생을 함께 할 세 명의 친구 / 수지의 남자친구 혹은 김수현의 여자친구

진행 능력이 있는 학생이 사회를 보면 훨씬 재미있다. 그사이 선생님은 소극적인 학생들을 독려하여 경매에 참여하도록 돕는다. 교실의 멀티비전에 경매 목록을 띄워 놓고 낙찰된 목록을 지워 나가면서 하면 참가자들에게 긴장감과 집중력을 줄 수 있다. 아이들은 의외로 낙찰받은 가치관표를 매우 소중하게 여긴다. '10년 후까지 잃어버리지 않고 소중히 보관하면 진짜 자기 것이 될 수 있다.'는 주술을 부여해 주면 더 좋아한다. 놀이가 끝난 후 소감 나누기나 소감문 작성을 통해 가치관을 실현하기 위한 구체적인 방법에 대해서도 고민해 볼 시간을 갖는 것이 좋다.

3. 마음 가게

마음 가게는 현재의 자신의 모습을 표현할 수 있는 단어를 선택하여 정리해 보고, 미래에 갖고 싶은 모습을 선택하는 과정을 통해 자신의 인생을 계획해 볼 수 있는 놀이다. 특히 친구들이 선택해 주는 단어를 통해 타인이 바라보는 자신의 모습을 확인해 보는 소중한 경험을 얻기도 한다. 즉 객관화된 타자로서의 자신을 바라볼 수 있는 눈을 키울 수 있다. 이 나이 아이들의 특성은 자기 능력을 과신 또는 과대 평가하거나 반대로 자기 내면에 깊이 천착하며 세상을 거부하고 기피하는 경향성을 보인다. 마음 가게 놀이는 이런 아이들에게 균형 잡힌 시각을 갖고 하고 자신을 세상 밖으로 꺼내는 활동으로 활용하기에 적합하다.

〈표2〉 마음 단어의 예시

간섭 감사 감정 개방 개혁 객관 거만 걱정 격려 결단 겸손 경솔 경직 경쟁 경쾌 고집 공감 과감 관계 관대 관리 관심 관용 균형 근면 긍정 깔끔한 나태 낙천 내성적 냉정 노력 노련 논리 느긋한 능력 다정 단정 대범 도덕 도전 도취 독립 독선 두려움 만족 명랑 명령 명분 명예 모범 몽상 무뚝뚝한 무례 무모한 무시 미소 민감 믿음 반성 발산 발전 방어 배려 배짱 배척 변덕 변화 보람 보수적 본능 부정 부주의한 분노 분석 비열한 사교적 사랑 산만 상상 서투른 선택

섬세 성공 성실 성장 소속감 소심 소유 솔직 수동 수치심 수다스런 수줍은 순진한 순종적 슬픔 신념 신용 신중 쌀쌀맞은 안락 안정 애교 애착 야심 양보 억압 엄격 여유 열등 열정 예민 온순 완벽 완성 욕구 욕심 우아 우울 우월 우유부단 위안 유머 유치 융통성 의무감 의존 의지 이상 이성 이타적 이해 인내 인정 일관성 자극 자기애 자만 자발 자비 자신감 자유 재치 적응 정의 정직한 조정 조화 조용한 존중 주관 주도 중용 즐거움 지위 지혜 직관 진실 진지함 질서 집요 집중 창조 책임감 체면 추종 충성 친절 침착 타협 통제 통찰 파괴 판단 편협 평가 평화 포기 합리적 행복 허영 현명 현실적 협력 호기심 회피 희망 희생

■ 놀이 규칙

1. 위의 '마음 단어'들을 포스트잇이나 종이에 써서 교실 칠판에 붙여 놓는다. 이때 학생들의 사고 수준에 맞게 어렵고 추상적인 단어는 빼거나 쉬운 말로 고친다. 빈 종이도 몇 장 필요하다(적절한 단어가 붙여져 있지 않을 때, 그때그때 써 넣을 수 있게).

2. 칠판에 붙여진 단어들을 꼼꼼히 읽어보며 자신과 어울리는 단어가 무엇인지 속으로 선택해 보는 시간을 준다.

3. 스스로 하겠다는 학생을 앞으로 불러 낸다. 없으면 교사나 학생들이 추천한다. 앞에 나온 학생에게 자기 자신을 가장 잘 표현할 만한 단어를 고르도록 한다(무한대로 고를 수도 있으나 경험상 적당한 것은 5~7개. 하지만 시간상 3~4개 정도로 고르도록 한다). 자기가 갖고 싶은 단어가 아니라는 것을 주지시킨다.

4. 고른 단어를 뗀 후 바깥쪽에 따로 붙인다. 예를 들면 위에서 미소, 변덕, 포기를 떼어 붙인다.

5. 왜 이런 것들을 골랐는지 본인에게 설명하게 한다.

6. 그다음 "아니야, 우리가 보는 너는 이런 면도 있었어.", "넌 전에 ○○하는 거 보니까 끝까지 포기 안 하던데?" 등등 구경꾼들에게 말할 시간을 주고,

본인과 친구들 모두가 공통적으로 인정하는 단어로 바꿀 수 있는 시간을 준다. 예를 들면 위의 '미소, 변덕, 포기' 대신 '미소, 집념, 현실적'으로 바꿀 수 있다.

7. 그다음은, 현재는 이러한데 자기한테 지금은 없지만 앞으로 갖고 싶은 마음을 골라 보게 한다. 하나를 살 때마다 자신이 가지고 있는 다른 하나를 버리게 하며, 살 수 있는 마음의 개수는 임의로 정할 수도 있다. 만약 3개 중 1개만 버리고 새로 살 수 있다면 지금 갖고 있는 것 중 자신의 마음에 가장 안 드는 것을 선택하면 된다. 즉 그 사람이 비중을 두는 가치의 우선순위를 알 수 있게 된다. 다른 방법으로는 사고 싶은 마음을 살 때, 현재 자신의 마음을 표현한 단어를 버리지 않게 한다. 예를 들면 현재 마음인 '미소, 집념, 현실적' 옆에 갖고 싶은 단어인 '우아, 배려, 희망'을 떼어다 붙이도록 한다.

8. 단어를 살 때 구경꾼들이 코치를 해 준다. "너는 이것도 좀 버려야 돼. 저걸 샀음 좋겠어."라고 조언도 하고 직접 나가서 골라 줄 수도 있다. 단, 본인이 거부하면 그냥 들어와야 한다. 이런 과정을 통해 앞에 나온 학생은 주관적으로 보는 나와 객관적으로 보이는 나의 차이, 혹은 공통된 모습을 발견하게 된다. 또 자신의 삶의 가치, 삶의 방식 등에 대해 생각해 보고 새롭게 정립해 볼 수 있는 기회를 얻게 된다.

■ 유의 사항

1. 이 놀이를 제대로 하려면 1명당 약 30분(2시간 정도면 4명을 생각할 수 있다)가량의 시간이 소요된다. 그러나 현실적으로 교실에서는 1명당 10분 정도로 해서 3~4명이 하도록 한다. 그러려면 예시 단어의 개수도 줄이고 선택할 수 있는 단어의 개수도 줄여야 한다. 3~4개의 단어를 고르도록 하면 적당하다. 포스트잇은 손바닥 반만 한 것, 글자 크기는 3~4m 앞에서도 보이도록, 매직으로 써서 잘 보이도록 하는 것이 좋다.

2. before & after로 기념사진을 찍어 보는 것도 권장할 만하다. 놀이 규칙 4, 5를 진행한 후 '나와 남이 바라본 나'라는 제목으로 고른 단어와 함께 사진을 찍고(before), 6, 7을 진행한 후 '나와 남이 희망하는 나'라는 제목으로 다시 한 번 단어들과 사진을 찍는다(after).

3. 1~2명 해 본 뒤 과정을 익히면, 중간에 적당한 학생에게 사회자 역할을 맡겨서 해 보는 것도 좋다.

〈그림1〉 여러 단어 가운데 현재의 나를 가장 잘 표현해 주는 단어를 찾고 있다.

〈그림2〉 지금의 내 모습 칸에 옮겨 붙인다.

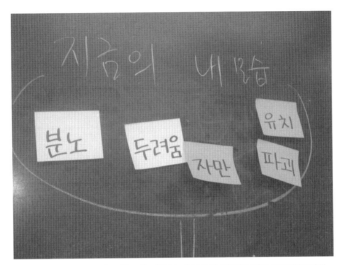

〈그림3〉 친구들의 조언을 참고해 지금의 내 모습을 표현할 단어 5개를 정했다.

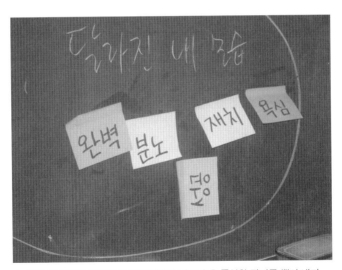

〈그림4〉 친구들의 조언을 참고해 달라진 내 모습을 표현할 단어를 뽑아 냈다.

이 놀이는 학기 초보다 학생들의 관계가 어느 정도 형성된 후에 해야 가능하다. 늘 함께 생활하면서 서로의 장단점을 보아 온 학급 구성원끼리 하는 것이 가장 적당하다. 갈등 회복을 목적으로 하는 대화 모임에서 활용할 수 있고, 서클 회의에서는 주제를 바꿔 활용 가능하다. 예를 들어 주제를 '우리 학급의 모습'으로 바꾼다면 단어 카드도 이에 맞는 '화목, 단결, 분열, 갈등, 평화' 등으로 바꾸면 된다.

4. 유서 쓰기

인생의 궁극적 목표는 '진정한 나를 찾는 것'이라고 말할 수 있다. 그래서 인생을 나를 찾아 떠나는 여행길에 빗대기도 한다. 특히 청소년 시기에는 '나'와 나를 둘러싼 사람들과 사회에 대한 관심이 증폭하고 그 관계를 새롭게 자리매김하려는 데서 갈등과 고민과 아픔이 싹트기 마련이다. 그래서 문학작품들에서 이 인생과 관계 맺음에 대한 이야기가 폭넓게 자주 다뤄지고 있다. 청소년을 대상으로 한 글에서는 더욱 그렇다.

빠른 시대, 넘쳐나는 지식과 정보의 시대에 우리 아이들은 자신을 돌아볼 겨를도 없이 청소년 시기를 맞이하게 된다. 자신이 누구인지, 자신이 어떤 일을 좋아하고 잘 하는지를 몇 가지 문장으로 나타내는 일조차 힘에 겨워한다. 그런 아이들에게 어른들은 빨리 적성을 찾아 진로를 탐색하라고 다그친다. 학생들은 자기를 찾는 미로에서 헤매다 결국 무기력해지거나 포기하고 만다.

자신과 마주치는 놀이를 하면서 진지하게 나를 발견해 보는 시간을 가져 보자. 아이들에게 느린 호흡과 여백의 가치를 느끼도록 해 보자.

■ 놀이 규칙

1. 바닥이 넓은 장소를 택한다.
2. 자신이 내일 죽을 것이라고 가정하고 잠시 눈을 감고 지나 온 삶에 대해 생각을 정리한다.
3. 정리가 끝나면 유서를 쓴다.
4. 유서 쓰기가 끝나면 추모사에 대해 설명을 한다.
5. 한 분단씩 넓은 공간으로 나와 자신이 죽어서 관에 들어 있다는 상상을 하면서 바닥에 눕는다. 반 전체가 한꺼번에 누울 수 있는 장소라면 다 같이 누워도 된다. 단, 간격을 널찍하게 벌려야 한다.
6. 2~3분 조용히 누워 있도록 시간을 준다. 조명은 어둡게 하는 게 좋고 명상 음악 같은 차분한 음악을 낮게 깔아 주면 더욱 분위기가 살아난다. 신문지를 이용해 상반신을 가리고 누우면 관 안에 들어가 있다는 느낌이 더 실감난다.
7. 어느 정도 시간이 경과하면 조용히 자신의 자리로 돌아와, 자신을 위한 추모사를 쓴다.

■ 유의 사항

1. 이 놀이는 지나온 삶에 대한 성찰과 앞으로 살아갈 삶의 태도를 다시 한 번 되새기는 데 의미가 있는 활동임을 교사가 잘 설명한 후 진행해야 한다.
2. 유서 쓰기를 한 후 눕는 활동을 할 때, 경건하고 엄숙한 마음으로 활동이 이루어지도록 지도한다. 설명이 부족하면 장난으로 알고 킥킥거리며 다른 사람의 활동을 방해할 수 있으므로 진지하게 하도록 당부한다.

3. 치마를 입은 여학생들은 발 방향을 앉아 있는 친구들의 반대편으로 두게 하면 무리 없이 할 수 있다.
4. 다른 사람이 지켜보는 데서 눕는 게 쑥스럽고 머쓱할 수 있다는 점을 미리 말해 주고, 죽음의 상태란 그런 상황에서 누워 있는 것임을 지적해 인지할 수 있게 하면 활동이 더욱 진지하게 진행된다.

어른들보다 상상력이 뛰어나서인지 교사가 이 활동의 목적에 대해 설명을 잘 하면 아이들은 몰입을 잘 한다. 그리고 이런 경험을 통해 앞으로 어떻게 살아야 하는지에 대한 고민을 꽤 깊이 있게 한다. 또한 평소에 자신의 행동을 반성하고(특히 부모님께 대들고 함부로 말한 것들) 용서를 구하기도 한다. 종종 우는 여학생들도 있다.

〈그림5〉 유서를 쓰기 위해 지나온 삶을 되돌아보고 있다.

〈그림6〉 죽어서 관 속에 누워 있다고 생각하고 있다.

〈그림7〉 여학생들이 남학생보다 몰입하기 힘들어 한다. 아마도 누워 있는 것에 대한 부담감
이 큰 것 같다.

8장

자신의 권리, 관심, 한계, 욕구를
옹호하고 주장하는 능력

교육부에서 밝힌 우리나라 중학교 교육의 목표를 보면, 민주 시민의 자질을 함양하는 데 중점을 둔다고 하였다. 고등학교의 목표는 진로를 개척하고 세계와 소통하는 민주 시민의 자질을 함양하는 데 있다. 그렇다면 민주 시민이란 어떤 것일까. 정부가 하는 대로 고분고분 따르는 국민? 그건 아닐 것이다. 자신의 권리와 관심을 알고 자신의 욕구를 옹호하고 주장하되 공동체의 발전을 함께 도모할 줄 아는 시민이 아닐까 한다. 그렇다면 우선은 자신의 욕구와 권리를 표현하는 것이 출발일 것이다.

학교가 민주 시민을 길러 내야 한다면, 교실에 앉아 있는 아이들도 고분고분 교사의 말을 잘 듣는 사람들은 아니라고 생각한다. 자신의 생각과 욕구와 권리를 알고 주장하는 아이들이어야 하지 않을까. 다음에 제시하는 놀이들은 자신의 욕구를 들여다보고, 표현하는 놀이들이다. 어떤 놀이 하나로 아이들이 갑자기 민주 시민으로 자라는 것은 아니다. 그러나 그런 것들이 용인되는 교실 문화에서 자란 아이들은 민주 시민으로서 권리를 주장하고, 자신의 욕구를 옹호하는 행동을 할 수 있는 바탕이 될 수 있지 않을까.

1. 모서리 게임

토론 놀이의 모형 중 하나로, 본격적인 토론으로 들어가기 전에 자신의 생각을 움직임으로 정리하고 여럿이 모여 자신들의 주장과 욕구를 표현할 수 있는 놀이다. 토론을 놀이처럼 즐길 수 있어 부담 없이 접근할 수 있으며 타인의 욕구와 주장, 관심에 대한 이해를 움직임을 통해 구체화된 형태로 이해할 수 있다는 장점이 있다.

■ 놀이 규칙

1. 입장이 서너 가지로 나누어질 수 있는 주제를 정한다. 예를 들어 '청소년의 이성 교제 시 애정 표현은 어디까지 가능한가?'라면 1번 손만 잡기, 2번 포옹까지, 3번 뽀뽀까지, 4번 그 이상도 가능.

2. 자신의 입장을 정리할 수 있는 시간을 잠시 갖고 정해진 번호에 해당하는 모서리(교실의 네 귀퉁이)로 이동한다.

3. 이동 시간이 끝나면 모인 사람들끼리 의논해 자신들의 주장에 대한 논리를 마련하는 시간을 주도록 한다. 이때 몇몇 사람이 주도하거나 무임승차하지 않도록 대화나 토의 방법을 구체적으로 제시해 준다. 서기를 정해서 메모를 하고 내용을 정리할 수 있도록 하며, 발표자가 이를 읽거나 말하도록 한다.

4. 각 모서리의 발표자가 돌아가며 의견을 말한 후 서로 자유롭게 질의응답을 할 수 있는 시간을 가진 후 생각이 바뀐 경우 다시 다른 모서리로 이동하도록 한다. 이때 감정에 이끌리거나 친분 관계에 얽매이지 않도록 하고, 자신의 생각을 다시 명료하게 정리해 볼 수 있는 시간을 주도록 한다.

5. 이와 같은 방식으로 다시 모여 상대팀들을 설득할 논리를 재구성하여 발표하고, 2~3회 정도 이동 기회를 준 후 최종적으로 가장 많은 수가 모여 있는 모서리 팀이 승리하는 것으로 끝맺는다.

모서리 게임은 정답을 찾는 과정이 아니므로 지나치게 경쟁적인 분위기로 흘러가지 않도록 안내한다. 최종적으로 가장 많은 수가 모여 있는 곳을 우승팀으로 정하기보다는 최초의 사람 수보다 숫자가 가장 많이 늘어나는 팀을 우승팀으로 정하는 것이 보다 합리적일 수 있다.

이 놀이는 모든 교과 수업에서 활용 가능하다. 사회 전방위적으로 대화와 토론의 필요성이 강조되다 보니 국어 교과뿐 아니라 전 교과에서 학생들에게 자기 생각을 표현할 수 있는 기회를 수업 안에 디자인하려는 시도들이 많이 일어나고 있다. 모서리 게임은 전문적인 토론 방식이 아니기 때문에 누구나 손쉽게 활용할 수 있다. 예를 들어 역사적 사건이나 인물에 대한 인식의 차이, 과학 실험의 결과 예측, 좋아하는 음악가와 그 이유 등으로 주제를 바꿔 볼 수 있다. 그뿐 아니라 학급회의 형태를 이렇게 바꿔 보아도 좋을 것 같다. '체험학습 장소'를 정할 때 모서리 게임을 활용하면 훨씬 활발한 토의와 논의의 장이 만들어질 수 있다.

2. 하얀 거짓말

이 놀이는 진실과 거짓을 섞어 놓고 듣는 이로부터 무엇이 거짓인지 가려내게 하는 놀이다. 하얀 거짓말이라는 의미는 악의의 거짓말이 아니며, 자신의 욕구나 희망 사항을 반영한 거짓말을 만들어 본다는 뜻이다. 이 놀이를 통해 자신의 과거 중 인상적인 경험을 추출해 내고 문장으로 표현해 볼 수 있는 기회를 갖는다. 또한 발표의 기회를 통해 자신의 욕구를 적극적으로 표현하게 된다. 만우절 날 활용하기도 하며 교과 내용을 정리하는 데도 활용 가능하다.

■ 놀이 규칙

1. 자신의 경험 중 3~4가지는 진실, 1~2가지는 거짓으로 만든다.
2. 진실은 마치 거짓처럼 개별적이며 특별한 것으로, 거짓은 자신이 경험해 보고 싶은 희망사항이나 욕구 등으로 만들어 보도록 안내한다. 큰 종이에 큰 글씨로 적어 여러 사람이 보고 맞히게 하거나 노트에 메모했다가 나와서 칠판에 적어도 좋다.
3. 자신이 만든 문장을 모두 발표한 후 "그럼 무엇이 거짓일까요?"라고 질문한다.
4. 하나씩 점검하며, 청중 가운데 거짓이라고 생각하는 사람은 손을 들게 한다.
5. 맞힌 사람 중에 1명을 지목하면 그 사람이 이어서 진행한다.

규칙 변형 1

1. 배운 내용 중 사실을 4개, 거짓을 1개로 나열한다.
2. 각 문제를 설명하면서 거짓도 마치 진실처럼 설명한다.
3. 모둠별로 함께 만들고 모둠 대항 놀이 형태로 진행해도 재밌다.

규칙 변형 2

1. 방학 중 있었던 일을 주제로 한다.
2. 개학 날 첫 시간에 열기 놀이로 활용하면 좋다.

만우절 날, 아이들은 어떻게든 수업을 하지 않고 놀기 위해 온갖 짓궂은 장난을 걸어온다. 하지만 교사들은 수업을 방해한다며 아이들을 야단치고 혼낸다. 이럴 때 만우절과 어울리는 '하얀 거짓말' 놀이로 아이들의 마음을 받아 주는 재치 만점 교사가 돼 보자. 먼저 선생님부터 자신의 이야기를 솔직하게 꺼내 놓고 시작한다. 그런 다음 아이들에게 각자 문장을 만들도록 한다. 선생님의 문제를 맞힌 아이들 중 1명을 지목하여 그 아이의 하얀 거짓말을 들어 본다. 또 맞힌 아이들 중 1명을 지목한다. 이렇게 릴레이 방식으로 이어가다 보면 1시간이 헛되지 않은 뜻깊은 만우절 행사가 될 수 있다.

수업에서 자신의 관심, 욕구를 주장하는 능력을 키우기 위한 주제로 활용한다면 '내가 좋아하는 것, 하고 싶은 것, 바라는 것'을 쓴 다음 그 이유를 함께 적어 보도록 한다.

수업, 놀이로
날개를 달다

삶과 교육을 바꾸는
맘에드림 출판사 교육 도서

나는 혁신학교에 간다

경태영 지음 / 값 14,000원

공교육을 바꾸겠다는 거대한 희망을 품고 시작된 '혁신학교'. 이 책은 일곱 개 혁신학교의 이야기를 담고 있다. 지금 우리 교육이 변화하는 생생한 현장의 모습과 아이들이 꿈을 키우고 행복하게 공부하는 희망의 터로 새롭게 자리매김하는 학교들을 이 책에서 만날 수 있다.

혁신학교란 무엇인가

김성천 지음 / 값 15,000원

교육 공동체가 만들어내는 우리 시대 혁신학교 들여다보기. 혁신학교 전반에 관한 이야기를 다루고 있는 책으로, 공교육 안에서 혁신학교가 생기게 된 역사에서부터 혁신학교의 핵심 가치, 이론적 토대, 원리와 원칙, 성공적인 혁신학교의 모습을 보이고 있는 단위 학교의 모습까지 담아냈다.

학부모가 알아야 할 혁신학교의 모든 것

김성천, 오재길 지음 / 값 15,000원

학부모들을 위한 혁신학교 지침서!
'혁신학교에서는 무엇을, 어떻게 가르치고 있는지, 교사 · 학생 · 학부모는 어떻게 만나서 대화하고 관계를 맺어가는지, 어떤 교육 목표를 지향하고 있는지 등 이 책은 대한민국 학부모들의 궁금증에 친절하게 답을 한다.

덕양중학교 혁신학교 도전기

김삼진 외 지음 / 값 14,500원

이 책의 1부는 지난 4년 동안 덕양중학교가 시도한 혁신과 도전, 성장을 사실과 경험에 기반한 스토리텔링 방식의 성장기로 전개하고 있다. 그리고 2부는 지역사회와 협력하여 펼치고 있는 교육 프로그램, 배움의 공동체 수업 등을 현장 사례 중심의 교육적 에세이 형태로 담고 있다.

학교 바꾸기 그 후 12년
권새봄 외 지음 / 값 14,500원

MBC PD 수첩에 방영되어 화제가 되었던 남한산초등학교. 아이들이 모두 행복하고, 얼굴 표정이 밝은 아이들. 학교 가는 것을 무엇보다 좋아하고, 방학을 싫어하는 아이들. 수업과 발표를 즐겼던 이 학교를 졸업한 아이들이 그 후 12년의 삶을 세상에 이야기한다.

교사는 수업으로 성장한다
박현숙 지음 / 값 12,000원

그동안 교사는 수업에서 아이들을 만나지 못해왔다. 관계와 만남이 없는 성장의 결손을 낳았다. 그리하여 우리 아이들과 교사들은 모두 참 아프고 외로웠다. 이 책에서는 교사, 학생, 학부모, 지역사회가 공동체로서 서로 관계를 맺을 때에만 배움은 즐거운 활동으로서 모두가 성장하는 삶의 일부가 될 수 있음을 보여준다.

교사와 학부모가 함께 읽는 주제 통합 수업
김정안 외 지음 / 값 15,000원

'서울형 혁신학교'로 지정된 7개 혁신학교들이 지난 1~2년 동안 운영한 주제 중심 통합 교육 과정과 수업 사례를 소개한 책이다. 이 학교들의 교육과정은 전국적으로 이루어지는 혁신학교들의 성과를 반영하였고, 자신의 지역사회의 실제 환경과 경험을 살려 실제 수업에 적용한 것이다.

혁신교육 미래를 말한다
서용선 외 지음 / 값 14,000원

혁신교육은 2009년 이후 공교육 되살리기의 새로운 희망이 되어왔다. 이러한 정책을 입안하고 추진하는 데 기여해왔던 6명의 교사 출신 연구자들이 혁신교육 발전에 필요한 정책 과제들을 모아 하나의 책으로 제시한다. 이 책은 교육철학, 교육과정, 교육행정과 학교 운영(거버넌스) 등에서 주요 이슈들을 정리하고 혁신교육의 성과와 과제가 무엇인가를 보여준다.

삶과 교육을 바꾸는 맘에드림 출판사 교육 도서

수업을 살리는 교육과정
서우철 외 지음 / 값 16,500원

최근 교육과정을 재구성하는 논의가 활발한 가운데, 이 책에서는 개별 교과목과 교과서의 형식에 얽매이지 않고 아이들의 발달을 고려하여 주제를 중심으로 교육과정을 재구성하여 통합적으로 운영하는 방법과 구체적인 실천 사례를 설명하고 있다. 이러한 과정은 같은 학년을 맡고 있는 교사들의 토론과 협력을 통해서 이루어진 것임을 이야기한다.

수업 딜레마
이규철 지음 / 값 14,000원

이 책을 관통하는 키워드는 '사람'이다. 저자의 노하우를 전수하는 것이 아니라, 수업 속에서 딜레마에 맞닥뜨려 고통받고 있는 선생님들의 고민을 담고, 신념을 담고, 그것을 이겨내기 위한 한 분 한 분의 마음을 담고 있다. 이런 고민 속에 이 책을 집어 든 나를 귀하게 여기며 다시 한 번 교사로 잘 살아보고 싶은 도전을 하게 한다.

좋은 엄마가 스마트폰을 이긴다
깨끗한미디어를위한교사운동 지음 / 값 13,500원

스마트폰에 대한 아이들의 집착은 대단하다. 스마트폰은 '재미있고 편리하다.' 그러나 스마트폰 때문에 아이들은 시간을 빼앗기고, 건강이 나빠지고, 대화가 사라지며, 공부와 휴식, 수면마저 방해를 받는다. 이 책은 이러한 사례들을 생생하게 소개하고 부모들에게 아이들의 스마트폰 사용에 어떻게 대응해야 하는지 대안을 제시한다.

엄선생의 학급운영 레시피
엄은남 지음 / 값 14,000원

34년 경력의 현직 교사가 쓴 생동감 넘치는 학급운영 지침서. 초등학교에서 아이들은 문자와 숫자를 익히는 것보다 학교와 교실에서 낯설고 모험적인 사건을 겪으면서 더 많은 것을 배운다. 이 책은 초등학교에서 교과서 지식보다 더 중요한 역할을 하는 학교생활과 학급문화를 만드는 데 담임교사의 역할을 다룬다. 교사와 아이들이 서로 존중하고 신뢰하는 관계를 어떻게 만들어야 하는지 구체적인 경험과 사례로 설명해준다.

진짜 공부

김지수 외 지음 / 값 15,000원

혁신학교가 추구하는 '진짜 공부'와 '진짜 스펙'이 무엇인지
보여주는, 졸업생들의 생동감 넘치는 경험담. 12명의
졸업생들은 학교에서 탐방, 글쓰기, 독서, 발표, 토론, 연구,
동아리, 학생회 활동을 통해 자신들이 생각하지도 못한 진짜
공부를 경험했음을 보여준다. 이 책을 통해 수능시험이 아니라
정말로 청소년 스스로 하고 싶을 즐기면서 성장하는 것이 우리
사회에 필요한 것임을 새삼 느낄 수 있다.

수업 디자인

남경운, 서동석, 이경은 지음 / 값 15,000원

서울형 혁신학교의 대표적인 수업 혁신을 담은 이야기. 아이들이
서로 협력하면서 배우는 수업을 목표로 삼은 저자들은 범교과
수업모임을 통한 공동 수업설계를 대안으로 제시한다. 아이들은
교사의 설명을 통해 배우는 것이 아니라 서로 '옥신각신'하며
함께 문제에 도전할 때 수업에 몰입하고 배우게 된다. 이 책은
이러한 수업을 위해서 교사들이 교과를 넘어 어떻게 협력하고
수업을 연구해야 하는지 잘 보여준다.

아이들이 가진 생각의 힘

데보라 마이어 지음 / 정훈 옮김 / 값 15,000원

미국 공교육 개혁의 전설적 인물 데보라 마이어가 전하는 교육
개혁에 대한 경이롭고도 신선한 제언. 이 책은 학교 혁신의
생생한 기록을 통해 우리가 학교에서 무엇을 왜 가르치고 배워야
하는지에 대한 근원적인 성찰을 담고 있다. 아이들이 지성적으로
생각하는 마음의 습관을 배우는 것이 얼마나 중요하고 그것을
위해 학교가 무엇을 해야 하는지를 일깨워준다.

어! 교육과정? 아하! 교육과정 재구성!

박현숙 ·이경숙 지음 / 값 16,500원

교육과정 재구성을 고민하는 교사를 위한 현장 지침서. 이
책은 저자들이 학교 현장에서 교육과정 재구성이라는 화두를
고민하고, 실행한 사례들이 담겨져 있다. 책의 내용은 주제
통합 수업, 교과 통합 수업, 범교과 주제 학습, 교과 체험 학습,
프로젝트 수업 등 학교 현장에서 적용해 큰 성과를 본 것들을
세밀하게 소개하면서 교육과정 재구성 작업의 노하우를 펼쳐
보인다.

행복한 나는 혁신학교 학부모입니다
서울형혁신학교학부모네트워크 지음 / 값 16,000원

이 책은 학부모가 자신의 눈높이에서 일러주는 아이들의 혁신학교 적응기일 뿐 아니라, 학부모 역시 학교를 통해 자신의 삶을 고양시켜가는 부모 성장기라는 점에서 대한민국의 모든 학부모에게 건네는 희망 보고서이기도 하다. 혁신학교가 궁금한 학부모들이 이 책을 통해 혁신학교 학부모로서의 체험을 미리 하는 데 부족함이 없을 것이다.

일반고 리모델링 혁신고가 정답이다
김인호, 오안근 지음 / 값 15,000원

교육 환경이 열악한 지역에 있던, 서울의 한 일반계 고등학교가 혁신학교로서 4년간 도전과 변화를 겪으면서 쌓은 진로, 진학의 비결을 우리 사회 모든 학생, 학부모, 교사, 시민 등에게 낱낱이 소개해주는 책. 이 책은 무엇보다 '혁신학교는 대학 입시에 도움이 안 된다.'는 세간의 편견을 말끔히 떨어 없앤다. 이 책에서 저자들은 '결과' 중심 교육과정을 '과정' 중심으로 바꾸고, 교내 대회와 동아리 활동, 봉사 활동을 장려함으로써 대학 진학이란 놀라운 결과가 어떻게 이루어질 수 있었는지 보여주고 있다.

우리가 신뢰하는 학교, 어떻게 만들 것인가?
데보라 마이어 지음 / 서용선 옮김 / 값 15,000원

이 책의 저자인 데보라 마이어는 보수와 진보를 막론하고 미국 공교육 개혁 분야에서 가장 신뢰받는 실천가이자 이론가로 평가받는다. 학교 안에서 '신뢰의 붕괴'를 오늘날 공교육이 직면한 가장 큰 도전으로 인식한다. 이 책의 원제 'In Schools We Trust'에서 나타나듯, 저자는 신뢰할 수 있는 공교육의 조건이 무엇인지 자신의 경험 속에서 제안하고, 탐색하고, 성찰한다.

교사, 어떻게 살아야 하는가
김성천 외 지음 / 값 15,000원

오랫동안 교육 현장에서 교육과 연구를 병행해온 저자 5인이 쓴 '신규 교사를 위한 이 시대의 교사론'. 이 책은 학교 구성원과의 관계 맺기부터 학교 현장에서 맞닥뜨리게 되는 여러 가지 문제들과 극복 방법, 교육 개혁에 어떻게 주체로 설 수 있는지, 어떤 과정을 통해 개인의 성장을 도모해야 하는지 등 신규 교사의 궁금점에 대해 두루 답하고 있다.

리셋, 교육과정 재구성

서울신은초등학교 교육과정 연구회 모임 지음 / 값 16,000원

서울형 혁신학교인 서울신은초등학교 교사들이 1학년부터 6학년까지 모든 학년의 교육과정을 재구성하고 실천한 경험을 모두 담았다. 이 책에 소개된 혁신학교 4년의 경험은 진정한 학습이란 몸과 마음을 통해 경험함으로써, 생각이나 감정을 다른 사람과 주고받음으로써, 과거 경험을 새로운 지식으로 다시 생각함으로써 실현된다는 점을 잘 보여주고 있다.

다섯 빛깔 교육이야기

이상님 지음 / 값 16,000원

충북 혁신학교(행복씨앗학교)인 청주 동화초등학교의 동화 작가 출신 선생님이 아이들과 함께 보낸 한해살이 이야기다. 이오덕 선생의 "아이들의 삶을 가꾸는 교육"을 고민하던 저자가 동화초 아이들을 만나면서 초등학생의 특성에 맞도록 활동 중심의 교육과정을 재구성하는 한편, 표현 위주의 교육을 위한 생활 글쓰기 교육을 실천하면서, 학교 교육을 아이들의 놀이와 생활, 삶과 연결시키고자 노력한 교단 일지를 바탕으로 구성되었다.

만들자, 학교협동조합

박주희·주수원 지음 / 값 14,500원

이 책은 학교협동조합이 무엇인지, 어떤 유형의 학교협동조합이 가능한지, 전국적으로 현재 학교협동조합의 추진 상황은 어떠한지 국내외 사례를 통해 소개하고 안내하는 한편, 학교협동조합을 운영하는 원리와 구체적인 교육방법을 상세하게 풀어놓고 있다. 저자들의 실천적 지침들을 따라가다 보면 학교협동조합은 더 이상 상상이 아니라 학교 구성원의 필요와 의지, 실천으로 극복할 수 있는 실현 가능한 미래라는 점을 알게 된다.

땀샘 최진수의 초등 수업 백과

최진수 지음 / 값 21,000원

초등학교에서 20여 년간 아이들을 가르쳐온 저자가 초등학교 수업에 대해서 기록하고 연구하고 실천하며 쌓아온 경험을 바탕으로 초등학생들과 수업을 함께하는 방법을 담고 있다. 아이들의 학습 동기, 아이들이 수업에 참여하는 방법, 칠판과 공책을 사용하는 방법, 모둠 활동, 교과별 수업, 조사와 발표 등 초등학교 교사가 아이들을 가르칠 때 알아야 할 가장 기본적이면서도 가장 중요한 모든 것을 다루고 있다.

혁신 교육 내비게이터 곽노현입니다

곽노현 편저 · 해제 / 값 17,000원

서울시 18대 교육감이자 첫 번째 진보 교육감으로서 혁신 교육을 펼쳤던 곽노현은, 우리 사회 전반을 아우르는 주요 교육 현안들을 이 책에서 포괄적으로 다루고 있다. 2014년 3월부터 1년간 방송된 교육 전문 팟캐스트 '나비 프로젝트' 인터뷰에 출연한 전문가들과 나눈 대화와 그에 대한 성찰적 후기를 담고 있다. 이 책은 그야말로 우리가 '지금 알아야 할 최소한의 교육 이야기'를 포괄하고 있다.

무엇이 학교 혁신을 지속가능하게 하는가

권성호, 김현철, 유병규, 정진헌, 정훈 지음 / 값 14,500원

독일 '괴팅겐 통합학교', 미국 '센트럴파크이스트 중등학교', 한국 혁신학교의 사례들을 통해 성공적인 학교 혁신의 공통점을 찾아내고 그것을 지속가능하도록 만들기 위해서 필요한 것은 무엇인지를 보여준다. 독자들은 이 책에서 괴팅겐 통합학교의 볼프강 교장이 말한 것처럼 "좋은 학교"를 만들기 위한 학교 혁신에 세계적으로 보편적이라고 할 만한 공통점을 찾을 수 있다.

교과를 꽃 피게하는 독서 수업

시흥 혁신교육지구 중등 독서교육 연구회 지음 / 값 16,500원

이 책은 지난 5년 동안 진행된 혁신교육지구 사업의 일환으로 학교에서 고군분투하며 독서교육을 이끌어왔던 독서지도사들이 실천 경험을 엮어낸 것으로 청소년기 학생들에게 장래 진로, 사랑, 우정, 삶의 지혜를 찾는 데 도움을 주는 독서교육을 잘 보여주고 있다. 특히 이 책에 소개된 국어, 수학, 과학, 사회, 도덕, 미술, 역사 등 다양한 교과와 연계한 협력수업은 독서교육의 새로운 전망을 보여주는 결실이다.

혁신학교의 거의 모든 것

김성천, 서용선, 홍섭근 지음 / 값 15,000원

저자들은 이 책에서 혁신학교에 대한 100가지 질문에 답하면서 혁신학교의 역사, 배경, 현황, 평가와 전망을 구체적인 증거를 통해 설명하고 있다. 이 책에 서술된 혁신학교에 관한 100문 100답을 통하여 우리 사회에 필요한 교육은 무엇인지, 교사와 학생들이 더 즐겁게 가르치고 배우면서 성장할 수 있는 교육을 위해 필요한 것이 무엇인지, 그것을 위해서 우리 사회 시민 각자가 자신의 위치에서 무엇을 하면 좋은가를 더 깊이 생각해볼 기회를 얻을 것이다.

교실 속 비주얼씽킹

김해동 / 값 14,500원

이 책은 비주얼씽킹 기본기부터 시작하여 교과별 수업, 생활교육, 학급운영 등에 비주얼씽킹을 응용하는 방법을 설명하고 있다. 특히 교사들이 초등학교 1학년부터 고등학교 3학년까지 국어, 수학, 영어, 과학, 사회 등 모든 교과 수업에 비주얼씽킹을 활용할 수 있도록 수업 지도안을 상세하면서도 간결하게 제시하고 있다. 또한 독자들이 책 내용에 대해 더욱 풍부한 이미지와 자료를 접할 수 있도록 저자의 블로그로 연결되는 QR코드를 담고 있다.

교육과정-수업-평가 어떻게 혁신할 것인가

이형빈 지음 / 값 15,500원

이 책은 교육과정 사회학자 번스타인(Basil Bernstein)이 제시한 '재맥락화(recontextualized)'의 관점에 따라 저자가 장기간에 걸쳐 일반 학교 한 곳과 혁신학교 두 곳의 수업을 현장에서 면밀하게 관찰하고 심층 인터뷰와 설문조사를 통한 연구를 바탕으로 무기력과 불평등을 재생산하는 교실을 민주적이고 평등한 구조로 바꾸기 위해 교육과정-수업-평가를 어떻게 혁신해야 하는지 제안하는 내용을 담고 있다.

혁신학교 효과

한희정 지음 / 값 15,000원

이 책에서 혁신학교 효과를 살펴보기 위해서 저자는 혁신학교가 OECD DeSeCo 프로젝트에 제시된 '핵심 역량'을 가르치고 있는지, 학생·학부모·교사가 서로 배우는 교육 공동체를 이루고 있는지, 학생의 발달을 위한 다양한 교육과정을 운영하고 있는지, 교사의 자율성과 전문성을 강화하고 있는지, 자치적이고 민주적인 학교문화를 가지고 있는지, 지역사회와 협력하고 있는지를 다른 일반 학교와 비교하여 설명한다.

교실 속 생태 환경 이야기

김광철 지음 / 값 15,000원

아이들이 자연과 친해지고 즐길 수 있도록 교육하는 것은 쉬운 일이 아니다. 특히 도시 지역에서는 더욱 어렵다. 그래서 이 책은 도시 지역 학교에서도 쉽게 실천에 옮길 수 있는 다양한 생태·환경교육을 폭넓게 다루고 있다. 이 책에서 저자는 계절에 따라 할 수 있는 20가지 환경교육 프로그램을 제시하고, 그 방법, 순서, 재료 등을 상세히 설명해준다

삶과 교육을 바꾸는 맘에드림 출판사 교육 도서

이제는 깊이 읽기

양효준 지음 / 값 15,000원

교과서에는 수많은 예화와 발췌문이 들어가 있다. 이런 자료들은 교육부가 교육과정에서 요구하는 기준에 맞춰 어떤 이야기, 소설, 수필, 논픽션 등에서 일부만 가져온 토막글이다. 아이들은 교과서에 수록된 작품이나 이야기 전체를 읽지 못한 상태에서 단편적인 지문만 읽고 이해를 해야 하기 때문에 책을 읽으면서 생각하고 공감할 수 있는 기회와 흥미를 찾을 수 없게 된다. 이 책은 이러한 문제를 개선하기 위해서 한 권이라도 책 진체를 꾸준히 읽어가는 방법인 '깊이 읽기'를 대안으로 소개하고 있다.

인성의 기초가 되는 초등 인문학 수업

정철희 지음 / 값 15,500원

이 책은 아이들의 올바른 인성 교육을 위한 새로운 방법으로서 인문학 수업을 제시하고 있다. 이 책에서 설명하고 있는 인문학 수업은 교사가 신화, 문학, 영화, 그림, 역사적 인물의 일대기 등에서 이야기를 찾아 아이들에게 제시하고, 아이들이 그 이야기에 나오는 여러 문제와 인물 등에 대해 자신의 감정을 스스로 공책에 기록하고 일상의 경험과 비교하고 토의와 토론을 통해 자신의 생각을 발전시키는 수업이다.

수업, 놀이로 날개를 달다

박현숙, 이응희 지음 / 값 13,500원

이 책은 교육계에서 최근 가장 중요한 과제로 삼고 있는, OECD의 여덟 가지 핵심 역량(DeSeCo)에 따라 여러 놀이들을 분류해서 설명하고 있다. "놀이에 내재된 긴장의 요소는 사람의 심성, 용기, 지구력, 총명함, 공정함 등을 시험하는 수단이 되므로" 그것은 학생들의 역량을 키우는 수단이 된다. 이 책의 저자들은 수업이 놀이를 만났을 때 어떻게 핵심 역량이 강화되는지 이야기하고 있다.

더불어 읽기

한현미 지음 / 값 13,500원

이 책은 교사들이 학습공동체를 통해 교직의 전문성과 자율성을 새롭게 발견하며 성장하는 이야기를 다룬다. 우리 사회의 기존 교육 제도는 효율성이라는 명분으로 아이들에게 경쟁을 강요하면서 교사들 역시 서로 경쟁하도록 만드는 시스템으로 이루어져 있다. 이 책에서 저자는 이러한 비인격적인 제도와 환경 아래서 교사들이 행복을 되찾기 위해서는 서로 협력하며 같이 배우면서 아이들과 함께 성장할 수 있어야 한다고 말한다.

땀샘 최진수의 초등 글쓰기

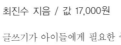

최진수 지음 / 값 17,000원

글쓰기가 아이들에게 필요한 중요한 것이 되려면 먼저 솔직하게
써야 한다. 모르는 것은 '모른다', 잘못은 '잘못이다', 싫은 것은
'싫다', 좋은 것은 '좋다'고 솔직하게 드러낼 때 글쓰기는 아이가
성장하는 디딤돌이 될 수 있다. 그리고 이것은 가르치는 교사에게도
적용된다. 지도하는 사람과 지도받는 사람이 따로 있는 것이 아니라
함께 쓰고 함께 나누면서 서로 성장을 돕는 것이다.

성장과 발달을 돕는 초등 평가 혁신

김해경, 손유미, 신은희, 오정희,
이선애, 최혜영, 한희정, 홍순희 지음 / 값 15,500원

이 책은 교육적 대안을 마련하기 위해 혁신학교에서 지난 5~6년
동안 초등학생의 성장과 발달을 돕는 평가를 실천해온, 현장 교사
8명이 자신들의 지혜와 경험을 모아놓은 최초의 결실을 담고
있다. 독자들은 이 책을 통해 평가는 시험이 아니며 교육과정과
수업의 연장으로서 아이들의 잠재력을 측정하고 적절한 조언을
제공한다는 원래의 목표를 되살리는 첫걸음을 찾을 수 있을 것이다.

수업 친구와 함께하는 수업 나눔 수업 코칭

이규철 지음 / 값 15,500원

가르치는 일을 함으로써 학생들의 배움을 돕는 교사들에게 수업은
시간적으로도 공간적으로도 학교에서 자신이 하는 일의 중심을
이룬다. 그래서 수업에 관한 고민은 교과를 가리지 않고 교사들에게
일반적으로 드러난다. 교사들은 공통의 문제로 씨름하게 된다.
최근에 그 공통의 문제를 교사들이 함께 풀어나가자는 흐름이
곳곳에서 일어나고 있다. 이 책은 그중에서도 '수업 코칭'이라는
하나의 흐름을 다룬다.

교사들이 함께 성장하는 수업

서동석, 남경운, 박미경, 서은지,
이경은, 전경아, 조윤성 지음 / 값 15,000원

이 책은 아이들의 배움에 중점을 둔 수업을 위해 구성한 교사
학습공동체로서, 서로 다른 여러 교과 교사들이 수업을 디자인하고
연구하는 '수업 모임'에 관해 다룬다. 수업 모임 교사들은 공동으로
교과 수업을 디자인하고, 참관하고, 발견한 내용을 공유하고
평가하는 피드백을 통해 수업을 개선해간다. 그리고 이러한 실천이
쌓여가면서 공개수업을 준비하는 방법과 절차는 더욱 명료해지고,
수업설계는 더욱 정교해진다.

삶과 교육을 바꾸는 맘에드림 출판사 교육 도서

땀샘 최진수의 초등 학급 운영

최진수 지음 / 값 19,000원

이 책의 저자는 학급운영의 출발은 아이들을 '가르치는 대상'에서 '존중받는 존재'로 바라보는 것에서 시작해야 한다고 이야기한다. 또한 아이들과 함께하면서 교사는 성장한다. 이러한 성장은 시간이 흐르고 경력이 쌓인다고 이뤄지는 것이 아니라 여러 가지 어려운 문제를 헤쳐나가며 교사 스스로 자신을 되돌아보고 성찰할 때 비로소 아이들과 함께하는 올바른 학급운영이 이루어진다고 말한다.

당신의 교육과정-수업-평가를 응원합니다

천정은 지음 / 값 14,500원

이 책은 빛고을혁신학교인 신가중학교에서 펼쳐진, 학교교육 혁신 과정과 여전히 완성되지 않은 그 결과를 다루고 있다. 드라마 〈대장금〉에 나오는 '신비'의 메모가 보여준 것과 같이 교육 문제를 여전히 아리송한 것처럼 적고 묻고 적기를 반복하며 다가가는 것이다. 저자인 천정은 선생님은 이 책을 통해 자신의 수업이 앞으로도 교육의 본질에 더 가깝게 계속 혁신되기를 바라고 있다.

에코 산책 생태 교육

안만홍 지음 / 값 16,500원

오늘날 인류에게는 에너지와 자원을 대량으로 소비하는 생활양식이 보편화되어 있다. 이러한 생활양식은 자연을 파괴하고 수많은 환경문제를 야기하고 있다. 이러한 상황에서 '풍요로운 감성과 지성'을 지닌 사람을 기르기 위한 교육이 긴급한 과제로 제기되고 있다. 이 책에서는 오감을 통해 생생하게 스스로 자연을 느끼고, 자연의 소중함을 배우는 교육에 대하여 이야기 하고 있다.

I Love 학교협동조합

박선하 등 지음 / 값 13,000원

이 책은 학교에 협동조합을 만드는 일에 적극 참여했던 학생들의 협동조합 활동과 더불어 자신과 친구들이 어떻게, 얼마나 성장했는지를 이야기해 주고 있다. 그들은 책에 담긴 내용을 이야기하는 화자일 뿐만 아니라 스스로 각자 그 이야기의 주인공이기도 하다. 이 책을 통해서 이들이 이야기하는 학교협동조합의 생생한 이야기를 들을 수 있다.

독자 여러분의 소중한 원고를 기다립니다

맘에드림 출판사는 독자 여러분의 소중한 원고를 기다리고 있습니다. 원고가 있으신 분은 nurio1@naver.com으로 원고의 간단한 소개와 연락처를 보내주시면 빠른 시간에 검토하여 연락을 드리겠습니다.

수업, 놀이로
날개를 달다